INVENTAIRE
F 9072

I0030230

FACULTÉ DE DROIT DE TOULOUSE

DE

LA LOI RHODIENNE, DE JACTU,

EN DROIT ROMAIN

DU CONTRAT DE LOUAGE

ET SPÉCIALEMENT

DES TRANSPORTS PAR CHEMINS DE FER

EN DROIT FRANÇAIS

THÈSE POUR LE DOCTORAT

SOUTENUE

Par M. Jules MASOLET

Né à Brou (Eure-et-Loir).

TOULOUSE

IMPRIMERIE RIVES ET PRIVAT, RUE TRIPIÈRE, 0

1873

FACULTÉ DE DROIT DE TOULOUSE

DE

LA LOI RHODIENNE, DE JACTU

EN DROIT ROMAIN

DU CONTRAT DE LOUAGE

ET SPÉCIALEMENT

DES TRANSPORTS PAR CHEMINS DE FER

EN DROIT FRANÇAIS

THÈSE POUR LE DOCTORAT

SOUTENUE

Par M. Jules MASCLET

Né à Brou (Eure-et-Loir).

TOULOUSE

INPRIMERIE RIVES ET PRIVAT, RUE TRIPIÈRE, 9

1873

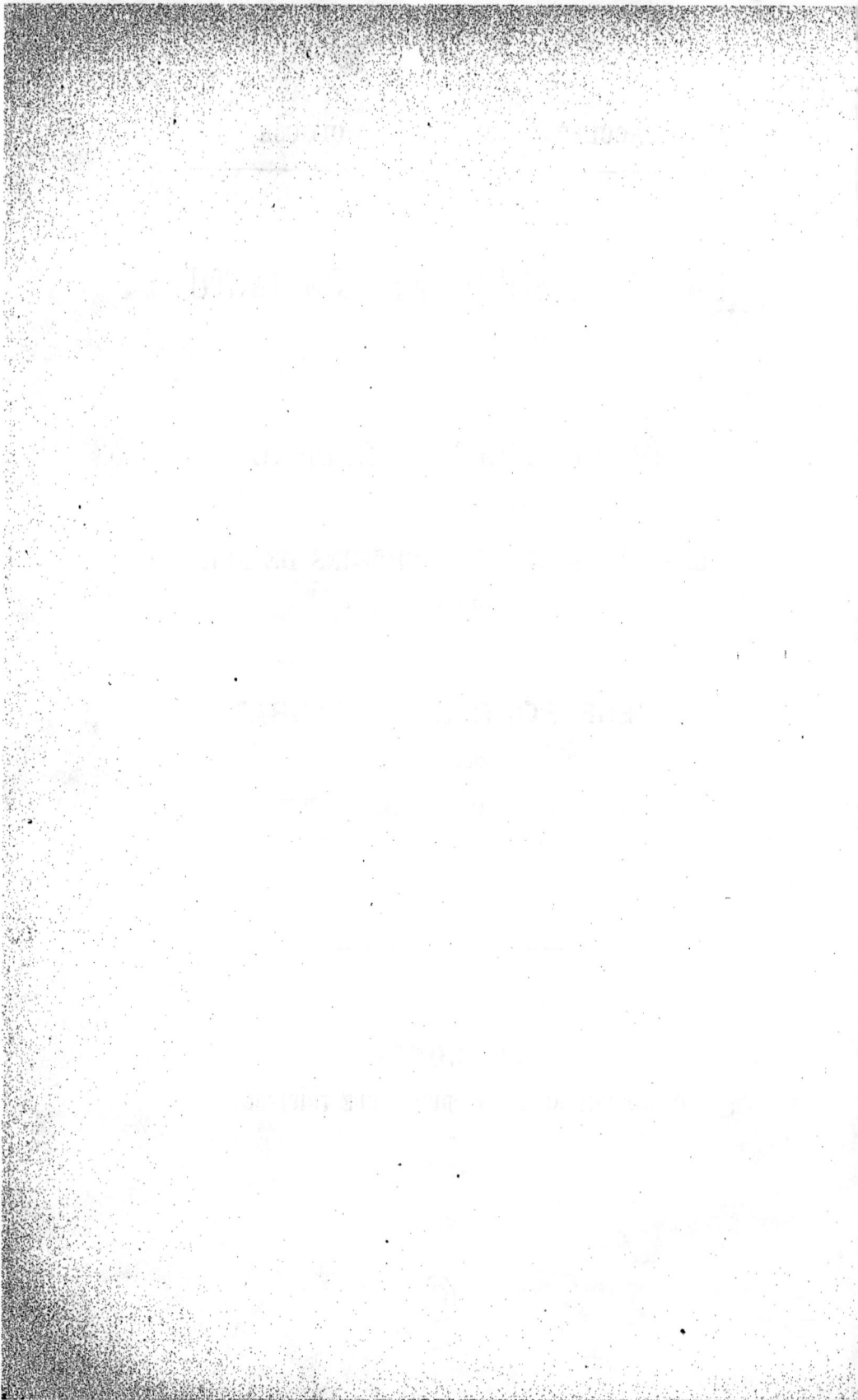

FACULTÉ DE DROIT DE TOULOUSE.

MM. DUFOUR ✿, Doyen, professeur de Droit Commercial.
RODIÈRE ✿, professeur de Procédure civile.
MOLINIER ✿, professeur de Droit Criminel.
BRESSOLLES ✿, professeur de Code Civil.
MASSOL ✿, professeur de Droit Romain.
GINOULHIAC, professeur de Droit Français, étudié dans
ses origines féodales et coutumières.
HUC, professeur de Code Civil.
HUMBERT, professeur de Droit Romain, en congé.
POUBELLE, professeur de Code Civil, en congé.
ROZY, professeur de Droit Administratif.
BONFILS, agrégé, chargé de cours.
ARNAULT, agrégé, chargé du cours d'Économie politique.
DELOUME, agrégé, chargé de cours.
CONSTANS, agrégé.

M. DARRENOUGUÉ, Officier de l'Instruction publique, Secré-
taire, Agent comptable.

PRÉSIDENT DE LA THÈSE : M. HUC.

SUFFRAGANTS : { MM. Dufour, Rodière, } professeurs.
{ Deloume, Bonfils, } agrégés.

La Faculté n'entend approuver ni désapprouver les opinions
particulières du candidat.

DROIT ROMAIN

De la loi Rhodienne, *de jactu*.

PRÉAMBULE.

Les questions de transport sont si étroitement liées aux questions commerciales que l'on peut les considérer comme solidaires les unes des autres.

Il est donc naturel d'admettre, que les hommes cherchant la fortune dans le commerce, ont dès les temps les plus reculés, travaillé au développement du trafic, par l'amélioration des moyens de transport.

Les voies de communication par terre étant insuffisantes, difficiles et limitées par des frontières naturelles, le problème de la navigation a dû se poser de bonne heure au génie humain.

Un tronc d'arbre grossièrement creusé dut servir

d'embarcation au nautonnier novice qui s'aventura le premier sur les flots.

Horace, dans un langage imagé nous a dit de quel courage fit preuve celui qui, le premier, osa sur un frêle esquif, exposer sa fortune et sa vie.

> Illi robur et æs triple
> Circa pectus erat qui fragilem truci
> Commisit pelago ratem
> Primus.....

Lorsque l'on considère combien de difficultés durent rencontrer les premiers hommes dans cette carrière périlleuse, combien d'essais infructueux et de dangers durent les décourager et suspendre leurs essais, combien d'obstacles nouveaux, l'imperfection des moyens d'exécution et l'inexpérience faisaient naître à chaque tentative, on ne peut s'empêcher d'admirer la persévérance de ceux qui se sont hasardés sur les flots, cherchant ainsi à faire servir au rapprochement des peuples, l'élément qui semblait destiné à les séparer par des difficultés infranchissables.

La volonté triompha des obstacles et des périls le problème de la navigation fut résolu, l'homme dompta les flots, et le commerce vit s'ouvrir alors de nouvelles voies de communication.

La facilité des transports augmenta le commerce extérieur; mais le développement du trafic eut naturellement pour conséquence d'accroître le nombre des conflits.

L'expérience nous apprend, en effet, que plus un État est commerçant, plus il faut des lois pour diriger les efforts et accroître les progrès de l'industrie, surtout pour terminer les contestations qui se multiplient en raison directe des négociations dont le commerce est la cause (1).

Des décisions arbitrales durent à l'origine terminer les conflits qui s'élevèrent entre le patron et les chargeurs ou les chargeurs entr'eux; l'usage dut consacrer l'autorité de ces jugements et le droit maritime fut ainsi fondé.

Dans certains pays où le commerce extérieur avait pris une extension considérable, les législateurs reconnurent la nécessité d'offrir aux particuliers des garanties pour l'exécution de leurs engagements respectifs, et aux juges des règles précises pour maintenir la bonne foi et réprimer l'injustice; des lois maritimes furent publiées.

CHAPITRE PREMIER

ORIGINE ET CARACTÈRE DE LA LOI RHODIENNE *de Jactu.*

§ 1. — *Origine.*

La loi rhodienne a tiré son nom de la ville de Rhodes située dans l'île de ce nom.

Le haut rang que les Rhodiens ont occupé parmi les nations commerçantes est attesté par tous les historiens.

(1) Montesquieu, *Esprit des Lois,* liv. xx, chap. xviii.

Aulu-Gelle, dans ses Nuits attiques, nous apprend que cette ville et cette île étaient célèbres notamment par l'habileté de leurs navigateurs et leurs victoires navales (1).

Florus appelle ce peuple *nauticum populum* (2).

Strabon vante le soin que les Rhodiens ont apporté aux choses et aux lois maritimes (3). Et Cicéron leur rend le même hommage (4).

Le peuple romain qui ne s'était pas occupé de navigation avant la première guerre Punique (5) n'avait pas encore à cette époque de lois maritimes.

Nous n'en trouvons, en effet, aucune trace ni dans les dispositions de la loi des Douze-Tables, ni dans les autres lois.

L'alliance que les Romains contractèrent avec les Rhodiens (6) leur donna l'occasion de connaître la loi de ces navigateurs célèbres ; frappés de leur sagesse, les jurisconsultes en firent l'objet particulier de leurs études et ils en adoptèrent les principes, persuadés que les règles les plus sûres et les meilleures en ma·tière commerciale sont celles dont l'expérience a déjà démontré l'efficacité ; ils préférèrent donc adopter les

(1) Aulu-Gelle, liv. vii, ch. iii.
(2) Florus, liv. ii, ch. vii.
(3) Strabon, liv. xiv.
(4) Cicéron, *pro lege Manil.*, § 18.
(5) Polybe, liv. i.
(6) Cette alliance eut lieu sur la suggestion de Tibérius Gracchus, l'an 167 avant Jésus-Christ. Les Romains étaient, du reste, à cette époque, en relation avec les Rhodiens, depuis plus de 140 ans. (Rollin, *Histoire ancienne*, t. v, page 101.)

usages et les lois des Rhodiens, que de hasarder de nouvelles théories sur cette matière.

Il n'est cependant pas probable que la loi rhodienne ait été promulguée à Rome dans sa partie relative au jet, ni qu'elle ait fait l'objet d'un plébiscite; il faut plutôt croire qu'elle s'est introduite à Rome sous forme de coutumier, *de lex non scripta;* car, si elle eût été promulguée, elle eut pris le nom du consul sous lequel eût été porté le plébiscite et nous saurions au juste à quelle époque elle s'est introduite dans le droit Romain, tandis que nous sommes sur ce point réduits aux conjectures.

On peut cependant affirmer que déjà elle avait droit de cité sous Auguste, ainsi que le prouve le fragment 9, au Digest., tit. ii, liv. xiv.

Volusius Mæcianus rapporte, en effet, qu'un certain Eudemon de Nicomédie s'adressa en ces termes à l'empereur Antonin :

« Seigneur empereur Antonin, faisant naufrage en « Italie nous avons été pillés par les Publicains des « îles Cyclades. »

L'empereur a répondu en ces termes à Eudemon : « Je suis, il est vrai, le maître du monde entier, mais « la mer est soumise aux lois; cette affaire doit être « jugée d'après la loi rhodienne qui concerne le com- « merce maritime, autant, du moins, que cette loi ne « sera pas contraire à nos ordonnances. » L'empereur Auguste a aussi décidé la même chose (1).

----

(1) Les empereurs Claude, Néron, Vespasien, Trajan, Pertinax et Sévère ont confirmé cette loi comme le rapporte un fragment

L'époque où l'influence de cette loi a été reconnue à Rome étant ainsi déterminée, nous allons maintenant examiner quelle a été l'opinion des différents jurisconsultes romains qui ont écrit sur cette loi et dont les avis sont consignés au Digeste.

inséré par Jacques Godefroy dans une dissertation maritime. Chap. VIII.

— La loi précitée de Volusius Mæcianus a donné lieu à une difficulté géographique.

On s'est demandé comment Eudemon ayant fait naufrage en Italie aurait pu être pillé par les Publicains, habitant les îles Cyclades.

En effet, il y a environ quinze degrés et le Péloponèse entre les Cyclades et l'un des points extrêmes de l'Italie, Crotone ou Brindes.

Bien des conjectures ont été faites pour rectifier cette invraisemblance qui a frappé tous les savants et que Gérard Noodt qualifia de *vicium nimis deforme*.

Les uns ont voulu lire *Icariam* pour *Italiam*; le naufrage, dans cette hypothèse, aurait eu lieu auprès de cette île assez voisine de celle de Samos et peu éloignée des Cyclades ; telle est la conjecture de Hugo Grotius, Jacques Godefroy : *Aliorum que Clarissimorum virorum*.

Mais Gérard Noodt en fait une autre qui lui paraît beaucoup plus vraisemblable et qu'il déclare avoir été admise par Bynckershoeck, *Vir amplissimus*.

Il pense qu'Eudemon avait fait naufrage *in Æthalia sive in mari Æthaliæ*.

On appelait ainsi l'île située entre Samos et Lesbos plus connue sous le nom d'île de Chios à cause de cette ville.

Gérard Noodt pense que le navire a fait là naufrage et que son chargement a été porté par les flots à l'une des Cyclades voisines.

Il a paru également invraisemblable que le pillage ait été fait par des Publicains, habitant les Cyclades, d'où on a conclu qu'il fallait lire *par des esclaves publics* au lieu de *a Publicanis*. (Voir Gérard Noodt. *Observ.* liv. I, ch. XIII.)

§ 2. — *Caractère de la loi rhodienne.*

Loi de sacrifice et d'équité, elle a fixé les cas dans lesquels des sacrifices devront être imposés à quelques-uns dans l'intérêt de tous, elle a en même temps dé-terminé dans quelle proportion et par qui le dom-mage souffert devra être réparé.

Lege Rhodiâ cavetur ut si levandæ navis gratiâ jactus mercium factus est, omnium contributione sarciatur, quod pro omnibus datum est (1).

Ce principe d'équité écrit en tête de la loi en termes aussi larges prouve que cette loi, sous le simple titre *de Jactu* s'occupe non-seulement du jet, mais qu'elle embrasse dans son cadre tous les sacrifices soufferts pour le salut commun : marchandises jetées à la mer, marchandises avariées, volées ou rachetées des mains des pirates, mâts brisés, voiles déchirées, navire en-dommagé, elle examine successivement tous ces cas.

Cette loi semble avoir posé les premiers principes de l'assurance mutuelle. Le législateur, observant les faits, a compris, en effet, quel puissant lien de soli-darité unissait entre eux ces hommes dont la vie et la fortune dépendent des mêmes accidents, qui, réunis sur le même navire, partagent les mêmes espérances, sont en proie aux mêmes craintes, exposés au mêmes périls. En l'absence de toute loi règlementant la ma-tière et en présence d'un danger imminent nécessitant des sacrifices de la part des chargeurs, quel est celui

(1) Dig. liv. xiv, tit. ii.

qui, faisant violence au sentiment d'égoïsme propre
à la nature humaine, eût voulu, pour assurer le salut
de tous, jeter ses marchandises à la mer de préférence
à celle des autres, si, au préalable, il n'eût été assuré
d'être indemnisé de sa perte en cas de succès.

Le désordre eût été à son comble sur le pont du
navire menacé du naufrage, l'acharnement que chacun
aurait mis à vouloir conserver sa marchandise aurait
ajouté au danger commun, et le trouble eût été général dans ces moments de péril suprême où l'esprit a
besoin de calme pour se mesurer avec le danger.

La publication de cette loi a donc été une œuvre de
haute sagesse de la part des premiers législateurs.

Loi d'équité et de sacrifice, elle est d'abord une loi
de sacrifice, car, avant tout, il faut écarter le danger
qui menace en jetant à la mer les choses qui encom-
brent le pont et gênent les manœuvres; à tout prix il
faut alléger le navire pour le sauver, tous y ont un intérêt commun, et comme dans ces moments on n'a pas
toujours le temps de choisir les marchandises que l'on
doit jeter de préférence, le hasard sera souvent le seul
guide; la préférence sera pour les choses qui se ren-
contreront les premières sous la main.

La nécessité du moment impose ces sacrifices, la loi
les consacre en garantissant à ceux qui en ont souffert
d'être équitablement rédimés de leur perte; elle
les règlemente en fixant les choses sacrifiées qui donnent lieu à contribution et en désignant les personnes
qui doivent payer cette contribution ainsi que la proportion dans laquelle chacun contribuera. La loi va
même jusqu'à rechercher quelle sera l'action que l'on

devra intenter pour obtenir le paiement de la contribution et contre qui devra être dirigée cette action.

Après avoir recherché, ainsi que nous l'avons fait,
quelle était l'origine de cette loi, quel caractère particulier elle présentait, nous allons maintenant l'examiner successivement au point de vue du jet, de la contribution et de l'action en contribution.

CHAPITRE II.

DU JET.

Le jet est toute chose jetée à la mer, du consentement des chargeurs, pour alléger le navire en danger.

Les jurisconsultes romains s'expriment ainsi à cet
égard :

*Si levandæ navis gratiâ jactus mercium factus
est* (1).

Si laborante nave jactus factus est (2).

*Tempestate gravi orta necessariò jactura facta
erat* (3).

*Sed si navis quæ in tempestate, jactu mercium
unius mercatoris levata est* (4).

Tous ces textes prouvent qu'il faut que le navire soit
en danger pour que le jet soit légitime.

Mais qui sera juge du cas où il y a réellement dan-

(1) Dig., liv. xiv, tit. ii, loi 1, Paul.
(2) Dig., liv. xiv, tit. ii, loi 2, Paul.
(3) Dig., liv. xiv, tit. ii, loi 3, Paul.
(4) Dig., liv. xiv, tit. ii, loi 4, Callistrate.

ger, où le jet est devenu nécessaire et par conséquent légitime?

La question est délicate, car elle a son importance au point de vue du fait et du droit, ainsi que nous le verrons plus tard à propos de l'action en contribution.

Le patron sera-t-il seul juge de l'opportunité du jet ou bien ce droit sera-t-il réservé aux chargeurs présents sur le navire?

Nous pensons que tous ceux qui avaient un intérêt sur le navire devaient être admis à faire connaître leur opinion; que la voix du capitaine n'était pas prépondérante et qu'il devait se ranger à l'avis des chargeurs lorsqu'il était en désaccord avec eux.

Nous appuyons notre opinion sur ce passage de Paul (1): *Sed si voluntate vectorum id detrimentium factum sit.*

Nous ajoutons que, si l'un des chargeurs avait dans un moment de danger jeté quelques marchandises sans consulter au préalable les autres chargeurs, le jet devait malgré cela être considéré comme légitime, bien qu'il ne fût peut-être pas nécessaire dans ce moment, nous invoquons en faveur de cette idée le passage de Paul déjà cité en partie: *Si... vel propter aliquem metum id detrimentum factum sit : hoc ipsum sarciri oportet* (2).

Il faudra toutefois que le danger soit de nature à

(1) Dig., liv. xiv, tit. ii, loi 2.
(2) Dig., liv. xiv, tit. ii, loi 2.

faire une vive impression sur un esprit raisonnable;
il ne suffirait pas d'un danger imaginaire (1).

En dehors de ces cas, le jet n'étant pas légitime, le
dommage occasionné sera à la charge de celui qui
l'aura imprudemment causé.

La loi rhodienne ne distingue pas d'une manière
bien précise le jet régulier du jet irrégulier, du moins
quant aux formalités à observer.

Nous croyons cependant pouvoir affirmer que cette
distinction se trouve implicitement comprise dans la
loi II, qui s'exprime ainsi : *sed si voluntate vectorum,
vel propter aliquem metum.....*

Nous trouvons, en effet, dans cette expression, *si
voluntate vectorum*, la délibération des chargeurs
requise pour décider si le jet aura lieu et fixer subsidiairement les marchandises qui seront sacrifiées.

Les termes dont se sert ensuite le législateur, « *vel
propter aliquem metum*, » signifient qu'en cas de
danger imminent inspirant une vive crainte, le jet
peut avoir lieu légitimement, sans qu'il ait été précédé
au préalable de la délibération des chargeurs, c'est le
cas du jet irrégulier.

Nous repoussons donc l'opinion de Cujas (2), qui
déclare que le texte doit être rectifié de la manière
suivante : *Si voluntate vectorum propter aliquem
metum*. Cette interprétation a l'inconvénient d'altérer
le texte et de modifier la pensée du législateur dans
un sens défavorable à la précision de cette loi.

(1) Dig., liv. XIX, tit. V, *de præscriptis verbis*.
(2) Cujas, Comm. *ad edict.* Paul, l. XXXIV, *hac lege*, t. I, col. 1302.

— 16 —

On doit assimiler au jet les marchandises qui ont été déposées dans des allèges, ainsi qu'il résulte de la loi 4, dans laquelle le législateur s'exprime ainsi : *Navis onustæ levandæ causâ si quædam merces in scapham trajectæ sunt* (1).

Le navire était en danger de périr, au lieu de jeter des marchandises à la mer, on les a hasardées sur des allèges avec la presque certitude quelles périront. Les conditions exigées pour le jet se retrouvent ici, péril imminent, nécessité d'alléger le navire, sacrifice imposé à quelques-uns dans un intérêt commun, aucune des conditions requises ne fait défaut ; les marchandises déposées sur des allèges seront donc assimilées à des marchandises jetées, si elles viennent à périr.

Les choses avariées ou détruites par suite du jet seront assimilées aux choses jetées (2).

Enfin, il se présente un dernier cas dans lequel les choses sacrifiées pour le salut de tous seront assimilées aux choses jetées ; cette hypothèse a lieu lorsque pour racheter le navire des mains des pirates on abandonne à titre de rançon, tout ou partie des marchandises de l'un des chargeurs.

Il nous reste à examiner, à propos d'un passage de la loi 2 (3), si le jet des esclaves était permis à Rome.

Cujas fait observer à propos du passage de loi que nous venons de citer, que cette loi ne dit pas : *qui in mari jactura perierunt;* mais simplement : *qui in mari perierunt;* que l'on ne peut donc pas conclure

(1) Dig., liv. xiv, tit. ii, loi 4.
(2) Dig., liv. xiv, tit. ii, loi 4.
(3) Dig., liv. xiv, tit. ii, loi 2.

des termes de la loi que le jet des esclaves fût permis (1).

Nous pensons qu'il faut avoir recours à l'histoire
pour résoudre ce point de droit.

Il nous paraît difficile d'admettre, en effet, que l'on
eût hésité à sacrifier des esclaves, pour conserver la
vie des hommes libres à une époque où l'esclave était
considéré comme une chose (2) ; alors que le maître
avait le droit de mettre à mort ses esclaves, de les
abandonner malades dans une île du Tibre, de les
faire combattre dans l'arène, de les donner vivants en
pâture aux murènes (3).

Nous trouvons dans Cicéron un passage dans lequel
il se demande, si en cas de péril le chargeur devra
jeter de préférence à la mer son cheval ou l'esclave de
moindre valeur ; l'intérêt, dit-il, dicte une solution,
mais l'humanité en commande une autre (4).

Pour notre part, nous n'hésitons pas à admettre
qu'à l'époque où fut publié le Digeste (décembre 533,
après J.-C.), le jet des esclaves n'était plus permis ;
c'est, qu'en effet, le christianisme avait alors fait son
apparition dans le monde ; il était venu rappeler aux
peuples que tous les hommes sont frères.

Les idées et les sentiments chrétiens modifièrent la
société romaine ; le sort des esclaves s'améliora sous

(1) Comm. *ad edict.* Paul, liv. xxxiv, *hac lege*, t. i, col. 1302.
(2) Aristote définit l'esclave : une machine animée εμψυχον
οργανον.
(3) Pour toute répression, l'empereur Auguste, s'est contenté
de faire combler le vivier de Vadius Pollion.
(4) Cicéron, lib. iii *de officiis*, ch. xxiii.

2

l'influence des mœurs nouvelles, Constantin créa l'affranchissement dans les églises.

Déjà les empereurs païens avaient défendu au maître de tuer ses esclaves et même de les châtier trop sévèrement. Dans ce dernier cas, il devait les vendre à de bonnes conditions selon le rescrit d'Antonin le Pieux (1).

Nous ne pouvons donc pas admettre que sous Justinien, à l'époque où le Digeste fut publié, le jet des esclaves fût permis; car alors, on aurait pu donner légitimement la mort à une autre personne pour sauver sa vie, ce que ne pouvaient pas autoriser les lois qui défendaient au maître de donner la mort à son esclave.

Nous pensons donc que c'est avec intention que le législateur ne s'est pas servi de l'expression *qui jactura perierunt*, et que l'omission ou l'absence du mot *jactura*, prouve que le jet des esclaves n'était pas permis; car, bien certainement, l'hypothèse que nous étudions s'est présentée à l'esprit judicieux de Paul.

Nous examinerons subsidiairement, à l'occasion du jet, si les chargeurs dont les marchandises ont été jetées à la mer, perdent ou non leur droit de propriétaire sur ces marchandises.

Il s'agit, pour résoudre cette question, de rechercher si celui qui a ainsi sacrifié ses marchandises a eu ou non l'intention d'abdiquer son droit de propriété sur ces choses? Evidemment, non; car, celui qui, contraint par la nécessité, jette ses marchandises

(1) Institutes, liv. I, tit. VIII, § 2.

à la mer, ne désespère pas toujours d'en recouvrer la possession (1), et si, rejettées par le flot ou venant à surnager elles ont été prises par des étrangers, elles ne deviennent pas leur propriété parce qu'elles ne peuvent pas être considérées comme abandonnées (2) par leur maître ; bien plus, celui qui s'en empare avec l'intention d'en tirer un bénéfice, commettra un vol (3).

Le même raisonnement s'applique aux choses perdues à la suite d'un naufrage ; elles restent la propriété de celui auquel elles appartenaient avant le naufrage, elles ne sont pas abandonnées (4), mais égarées ; si un autre s'en saisit et qu'elles soient retrouvées, ce ne sont pas des choses abandonnées que reprendra le propriétaire, mais bien des choses perdues qui lui retourneront.

C'est pourquoi ni les choses jetées, ni les choses perdues à la suite d'un naufrage ne peuvent être usucapées par un étranger qui s'en serait emparé les considérant comme abandonnées parce que, ainsi que nous l'avons dit, ces choses ne sont pas abandonnées (5), pas plus que celles que l'on a déposées sur la route parce qu'on était trop chargé, ayant l'intention de revenir bientôt avec d'autres personnes pour les reprendre (6).

Les choses perdues dans un naufrage ou jetées à la

(1) Dig., liv. xiv, tit. ii, loi 8, de lege Rhodià de jactu.
(2) Dig., liv. xli, tit. i, de adqui rer. domini, l. 9, § 8.
(3) Dig., liv. xlvii, tit. ii, loi 43, § 11. — Institutes, liv. ii, tit. i, § 48.
(4) Dig., liv. xli, tit. ii, loi 21, § 1.
(5) Dig., liv. xli, tit. vii, loi 7.
(6) Dig., liv. xiv, tit. ii, loi 8.

mer pour alléger le navire ne pouvaient-elles pas être réclamées par le fisc comme étant sa propriété?

Juvénal dans sa satire IV, vers 53 et 54, s'exprime ainsi :

Quidquid conspicuum pulchrum que est œquore toto.
Res fisci est ubicumque natat.

Nous pensons que'le fisc n'a pas plus de droits que les particuliers à cet égard.

Aussi voyons-nous dans la loi 9 *de lege Rhodia de jactu,* que les Publicains des îles Cyclades, ayant saisi comme appartenant au fisc, des objets qu'Eudemon de Nicomédie avait perdus dans un naufrage, celui-ci se plaignit d'avoir été pillé par eux, et l'empereur Antonin, leur appliquant la loi rhodienne, lui donna gain de cause.

CHAPITRE III

DE LA CONTRIBUTION.

Nous avons dit, en étudiant le caractère de cette loi, que c'était une loi de sacrifice et d'équité.

La nécessité du sacrifice a été justifiée dans le chapitre II qui traite du jet.

Nous allons rechercher maintenant par quels moyens cette loi arrive à réparer équitablement le préjudice souffert. Nous l'aurons ainsi envisagée à ces deux points de vue : loi de sacrifice et loi d'équité.

L'équité veut que tout préjudice souffert pour le

salut commun soit supporté par tous ceux à qui il a été utile, et que chacun participe à cette indemnité proportionnellement à son intérêt; c'est ce qu'on entend par contribution.

Cette question est complexe; aussi rechercherons-nous successivement : 1° qu'elles sont les choses sacrifiées qui donnent lieu à contribution; 2° qui doit la payer, ou sur quelles choses elle s'exerce; 3° comment elle s'exerce.

I. — *Quelles sont les choses sacrifiées qui donnent lieu à contribution ?*

Nous trouvons dans la loi 2, § 3, un exemple propre à faire ressortir la différence qui existe entre les pertes qui entrent en contribution et celles qui doivent être supportées exclusivement par le propriétaire de la chose perdue, ce qui démontre péremptoirement la nécessité d'un sacrifice volontaire pour faire naître l'obligation de contribuer.

Si navis a piratis redempta sit omnes conferre debere, quod vero prædones abstulerint, eum perdere cujus fuerint, nec conferendum ei qui suas merce redemerit.

Quelle est la raison de ces deux solutions, quelle différence existe-t-il donc entre le pirate et le voleur ?

C'est que dans le premier cas, le bien de tous est en péril, et c'est pour le bien commun qu'une partie de la marchandise est sacrifiée à titre de rançon; nous trouvons réunies ici toutes les conditions voulues par la loi rhodienne pour que la contribution soit due. *Omnium contributione sarciatur, quod pro omnibus datum est.*

Dans le second cas, au contraire, il s'agit d'un fait isolé, d'un accident qui n'a procuré aucun bénéfice aux autres chargeurs qui est arrivé *sine voluntate vectorum.* Nous n'y rencontrerons pas le caractère de sacrifice fait volontairement pour le salut commun (1) ; il n'y a donc pas lieu à contribution.

Nous déciderons donc que toutes les avaries, simples ou particulières, ne donneront pas lieu à contribution parce que la perte subie par les uns n'a procuré aucun avantage aux autres, c'est un fait personnel, involontaire, ce n'est pas un sacrifice parce que le dommage n'a pas été subi intentionnellement ; c'est un accident, un événement malheureux, or pour qu'il y ait lieu à contribution il faut plus que le fait matériel de la perte, il faut aussi l'intention suivie de résultat.

Si le résultat n'a pas été atteint, le sacrifice ne donnera pas lieu à contribution. C'est en effet l'avis de Callistrate (2).

Nous pouvons aussi citer à l'appui de notre opinion ce passage d'Hermogenien dans la loi 5 : *Amissæ navis damnum, collationis consortio non sarciatur per eos, qui merces suas naufragio liberaverunt ; nam hujus æquitatem tunc admitti placuit : cum jactus*

---

(1) Dig., liv. xiv, tit. ii, loi 1.
(2) Dig. liv. xiv. tit. ii, loi 4.

remedio cæteris in communi periculo, salvâ navi, consultum est.

Mais outre le résultat, il faut l'intention ; car, ainsi que nous l'avons dit, l'évènement fortuit, une lame entraînant des marchandises à la mer, et par ce fait allègeant le navire en danger, ne donnerait pas lieu à la contribution.

La preuve qu'il faut l'intention et qu'elle suffit même sans que la nécessité du jet soit justifiée se trouve dans loi 2 (1).

Au nombre des choses sacrifiées qui donnent lieu à contribution nous devons encore ajouter la perte du mât ou de tout autre agrès du navire sacrifiés pour écarter un danger commun (2), le dommage causé au navire pour extraire les marchandises ou les avaries causées aux bordages en les jetant, les avaries occasionnées par le jet aux marchandises restées dans le navire. Callistrate s'exprime ainsi à cet égard : *Cum autem jactus de nave factus est, et alicujus res quæ in navi remanserunt deteriores factæ sunt* (3).

Il y a une distinction à faire à l'égard du navire endommagé. La contribution est due, avons-nous dit, lorsque pour écarter un danger commun des agrès ont été sacrifiés, quand des bordages ont été brisés pour faire le jet ; mais il n'en est pas de même lorsque quelques détériorations sont survenues au navire par suite

---

(1) Dig. liv. xiv, loi 2, sed si voluntate vectorum, vel propter aliquem metum, id detrimentum factum sit, hoc ipsum sarciri oportet.

(2) Dig. liv. xiv, tit. ii, loi 3 et loi 5.

(3) Dig. liv. xiv, tit. ii, loi 4.

d'une marche forcée, par l'effet naturel du transport et pour l'accomplissement des devoirs qui sont imposés au patron de rendre les marchandises intactes au lieu do destination.

Dans cette circonstance, le maître du navire ressemble au forgeron qui casse son enclume ou brise son marteau en faisant le travail qui lui a été commandé (1). Dans l'un comme dans l'autre cas, celui qui aura commandé l'ouvrage n'aura pas à tenir compte à l'ouvrier du dommage qu'il s'est causé à lui-même. On peut en effet, dire au patron dont le navire a souffert quelque détérioration : C'est de votre plein gré que vous avez agi comme vous l'avez fait, sans consulter les autres chargeurs ; le danger n'étant point imminent, il ne vous est rien dû pour les avaries légères survenues à votre navire. Paul s'exprime ainsi à cet égard : *Si conservatis mercibus deterior facta sic navis, aut si quid exarmaverit, nulla facienda est collatio.*

Le patron du navire étant obligé de rendre les marchandises à destination en bon état ; toutes les fois qu'il n'y a pas de cas de force majeure, il doit supporter les légères détériorations que son navire a souffertes par le fait même du transport ; c'est un fait inhérent à la cause.

Nous déciderons de même avec Julien : *Navis ad versá tempestate depressa, ictu fluminis deustis armamentis et arbore et antemna, Hipponem delata est : ibi que tumultuariis armamentis ad præsens comparatis, Ostiam navigavit, et onus integrum*

---

(1) Dig. liv. xiv, tit. ii, loi 2.

pertulit; quæsitum est an hi, quorum onus fuit, nau-
tæ pro damno conferre debeant? respondit non de-
bere. Hic enim sumptus instruendæ magis navis
quam conservandarum mercium gratiâ factus est.

La dépense faite à Hippone n'est pas à proprement
parler une perte, puisque le patron reçoit un mât
et des agrès neufs en échange de sa dépense. Nous
sommes donc d'avis que ce dommage ne doit pas donner lieu à contribution, et que par conséquent il n'est
rien dû par ce fait au patron du navire.

II. — *Qui doit payer la contribution et sur quelles choses elle s'exerce.*

Nous trouvons dans la loi 2 une espèce à propos
de laquelle plusieurs questions sont soumises à la décision des jurisconsultes. Nous n'examinerons présente-
ment que celles de ces questions qui sont relatives à la
responsabilité des chargeurs dont les marchandises ont
été sauvées par le jet et qui par conséquent doivent la
contribution.

Voici l'hypothèse citée par Paul :

« Sur un même navire plusieurs marchands avaient
chargé différentes espèces de marchandises; il y avait
même parmi les passagers des hommes libres et des
esclaves. Une tempête s'étant élevée, il fut nécessaire
de jeter des marchandises à la mer. »

Le jurisconsulte Paul se demande, à cette occasion,
si les hommes libres devront la contribution, si elle
sera due également pour les esclaves, et même pour
les perles et les pierres précieuses qui cependant ne

chargeaient pas le navire, si on devra payer pour les
habits et les anneaux d'or, si les vivres devront également contribuer ?

Pour résoudre ces questions reportons-nous au
principe d'équité qui se trouve inscrit en tête de la
loi que nous étudions et qui peut se formuler ainsi :
toute personne qui retire un avantage du dommage
souffert volontairement par autrui, contribuera à réparer cette perte pour une part proportionnelle au bénéfice qu'elle a pu en retirer, matériellement apprécié.

D'après ces principes, il n'y a pas à examiner, si le
navire a été mis en péril par les marchandises les plus
lourdes, il y a seulement à considérer le service rendu
à chacun en sauvant le navire et la cargaison, car la
contribution est le paiement du service rendu.

En décidant autrement, et en frappant de l'impôt
les choses les plus lourdes, on n'aurait atteint qu'une
seule catégorie de marchandises, et en général celles
qui sont de moindre valeur, car la valeur des choses
comparées les unes aux autres, n'est pas toujours
en raison directe de leur poids.

Pour donner une solution aux questions posées dans
l'espèce citée plus haut, nous déciderons que la contribution est due par les propriétaires des perles et des
diamants, parce qu'ils avaient intérêt à la conservation
de ces choses d'une valeur qui pouvait s'estimer à
prix d'argent.

Quant aux hommes libres, ils ne devront rien parce
que la contribution est due seulement pour les choses
conservées, et non pas pour les personnes sauvées, et
que la vie d'un homme libre est un bien inestimable.

Les esclaves, au contraire, qui peuvent s'estimer comme les denrées, puisqu'ils sont chose marchande devront la contribution en proportion de leur valeur. Il en sera de même pour le propriétaire du navire qui avait un intérêt matériel à sauver son embarcation.

Les propriétaires des habits et des anneaux d'or devront la contribution à titre de choses conservées dans leur patrimoine, tandis que les vivres seront exonérés de cette contribution, attendu qu'ils sont destinés à conserver la vie des passagers et des hommes de l'équipage et que lorsqu'ils viennent à manquer, ils sont mis en commun, ce qui, dans ce cas, fait peser une sorte de contribution sur celui qui en est propriétaire et qu'il serait injuste de le frapper d'une double contribution pour la même chose.

Ce sujet, bien que déjà longuement traité, n'est cependant pas encore épuisé, les espèces rapportées au Digeste sont nombreuses. Il nous reste encore à examiner l'hypothèse posée dans la loi 4.

Un navire trop lourdement chargé ne peut entrer dans le port ou remonter un fleuve; pour l'alléger on hasarde des marchandises sur une barque et le navire peut jeter l'ancre à l'abri du danger, mais la barque vient à sombrer et les marchandises dont elle était chargée périssent avec elle.

Dans cette situation qui devra supporter la perte des marchandises chargées sur la chaloupe? Les propriétaires des marchandises restées sur le navire devront-ils y contribuer? Callistrate et Sabinus (1) sont

(1) Dig., liv. xiv, tit. ii, loi 4.

d'avis que la contribution est due dans ce cas; mais au contraire si les effets chargés sur la chaloupe ont été sauvés, tandis que les marchandises laissées sur le navire ont péri, ces mêmes jurisconsultes décident que les propriétaires des marchandises jetées dans la chaloupe ne sont pas tenus de contribuer à la perte des effets restés sur le navire.

Examinons quels sont les motifs qui ont dicté ces deux solutions.

Et d'abord recherchons quelle a été la situation des chargeurs dans le premier cas. La loi 2, § 1, dit : *Si voluntate vectorum vel propter aliquem metum id detrimentum factum sit sarciri oportet.* Je crois que ce texte s'applique exactement à l'espèce.

La cargaison était en danger, le navire menacé sur mer ne pouvait entrer dans le port, il fallait par force l'alléger, soit en jetant des marchandises à la mer, soit en les aventurant sur une barque. Les chargeurs et l'équipage ont adopté ce dernier parti, exposant ainsi ces marchandises à une perte presque certaine, pour sauver le navire; la chaloupe, en effet, a péri avec sa cargaison.

La solution des jurisconsultes est parfaitement justifiée, car nous retrouvons dans cette hypothèse toutes les conditions requises par la loi 1 : *Si levandæ navis gratia, jactus mercium factus est omnium contribuiióne sarciatur.* Les propriétaires des marchandises sauvées avec le navire devront donc la contribution.

Dans le second cas, le navire a péri et la chaloupe a échappé au naufrage avec ses marchandises.

La question qui se pose est celle-ci : les proprié-

taires des marchandises sauvées avec la chaloupe
devront-ils contribuer à la perte des marchandises
chargées sur le navire qui a péri? Callistrate pense que
non, se fondant sur ce principe que la contribution
n'est due que quand le navire est conservé par le
jet (1).

Cette solution est juridique, car, en effet, les marchandises aventurées sur la chaloupe devaient faciliter
au navire le moyen d'échapper au danger; si malgré
le jet il a péri, a fortiori eût-il péri si le jet des marchandises dans la barque n'eut pas eu lieu.

Nous ajouterons comme conclusion, que les marchandises chargées sur le navire n'ont pas péri pour
sauver celles qui étaient sur la chaloupe, que par conséquent il n'y a aucune connexité entre l'événement
malheureux arrivé au navire et le sauvetage des marchandises chargées sur la chaloupe, que ne pouvant
pas appliquer à ces derniers chargeurs le principe posé
dans la loi 1 : *Contributione sarciatur quod pro omnibus datum est*, c'est avec raison qu'il a été décidé
que les propriétaires des marchandises chargées sur
la chaloupe ne devaient aucune contribution.

Cette solution, avons-nous dit, est juridique et conforme à l'esprit de la loi; mais est-elle équitable? ne
fait-elle pas une situation meilleure aux personnes
dont les choses ont été chargées sur la chaloupe qu'aux
propriétaires des marchandises restées sur le navire?

En effet, si le navire est sauvé et que la barque
périsse, les chargeurs des effets déposés dans la barque

(1) Dig., liv. xiv, tit. ii, loi 4.

sont payés. Si le navire fait naufrage, et que la barque échappe au danger, les effets conservés restent la
propriété de leurs maîtres sans contribution ; de telle
sorte que ceux-ci dans l'un et l'autre cas sauvent leurs
biens ; tandis que les propriétaires des marchandises
restées sur le navire sont, dans le premier cas, exposés
à payer la contribution, et risquent, dans le second
cas, de perdre leurs marchandises sans recours.

Pour justifier notre solution, même au point de vue
de l'équité, il faut voir quelles sont les chances de
perte de part et d'autre, remarquer que la chaloupe
est exposée à de bien plus grands dangers que le
navire, que presque toujours elle périra dans la tempête, il faut surtout considérer que les choses sacrifiées
sont estimées au prix de revient seulement, de sorte
que leur propriétaire perd le bénéfice qu'il aurait pu
faire. L'équilibre se trouve donc ainsi à peu près ré-
tabli.

Il peut enfin arriver que le navire et la chaloupe
aient également péri. Dans ce cas, il n'est rien dû par
les propriétaires des marchandises restées sur le navire,
parce que celui-ci a péri ; il n'est rien dû non plus par
les propriétaires des marchandises déposées sur la
chaloupe, parce que la perte du navire n'a pas sauvé
la chaloupe.

La décision qui précède devra être appliquée au cas
où le navire ayant péri après le jet, des marchandises
jetées seraient retrouvées en tout ou en partie.

Mais si elles sont retrouvées soit par hasard, soit
par des plongeurs et que le navire ait été sauvé, les
marchandises ainsi retrouvées devront la contribu-

tion (1). Il en serait de même des marchandises retrouvées par des plongeurs après le naufrage précédé
du jet ; les marchandises retrouvées devaient indemniser les propriétaires des marchandises jetées.

Que décider à l'égard du propriétaire de la chaloupe qui a péri ?

Il faut distinguer : si la barque appartient au maître du navire, nous lui appliquerons le même raisonnement qu'aux agrès, Papinien : « *Cum arbor aut
aliud navis instrumentum* (la chaloupe, par exemple)..... *contributio debetur*. Hemogenien, au liv. 2,
est du même avis : *Arbore cesà ut navis cum mercibus liberari possit æquitas contributionis habebit
locum.* »

Si la barque sacrifiée appartient au maître du navire, elle doit suivre le sort des marchandises qu'elle
portait. Si, au contraire, la barque a été louée à un
marin sans louer les services du patron, les chargeurs
seront débiteurs du prix de la barque si elle vient à
périr ; mais si on a loué la chaloupe et les services du
patron pour la conduire à terre, si faire se peut, avec
les marchandises dont elle est chargée, on ne devra
au patron, dans le cas où la barque viendrait à sombrer, que le prix du loyer stipulé. Nous justifions notre opinion par ce passage de Paul dans l'édit : *Si
faber incudem, aut malleum fregerit non imputa-
retur ei qui locaverit opus.*

Nous avons raisonné, jusqu'à présent, dans l'hypothèse où le navire était chargé de marchandises pour

(1) Dig., liv. xiv, tit. ii, loi 4, § 1.

une seule destination; nous allons maintenant rechercher qui devra la contribution, lorsque sur le même navire on a chargé des marchandises pour plusieurs destinations.

Voici l'hypothèse : Un navire est parti de Rhodes, chargé de marchandises, pour Hippone et Ostie. Avant d'arriver à Hippone, une tempête s'est élevée et on s'est vu obligé, pour sauver le navire, de jeter des marchandises à la mer. Il est arrivé à Hippone, et après avoir laissé dans ce port les marchandises qui étaient pour cette destination, il a continué son voyage; mais avant d'arriver à Ostie une nouvelle tempête s'est élevée et le navire a fait naufrage.

La question est celle-ci : Qui devra indemniser les propriétaires des marchandises jetées à la mer avant l'arrivée à Hippone?

Les marchands du port d'Ostie ne doivent pas contribuer à la perte, puisque leurs marchandises ont été perdues avant d'arriver à leur destination et que, par conséquent, ils n'ont retiré aucun bénéfice du sacrifice souffert par les autres chargeurs.

La contribution devant peser uniquement sur les propriétaires des choses arrivées à bon port, elle est donc due par les chargeurs du port d'Hippone, bien que le navire ait péri avant d'arriver à sa destination définitive; car on doit considérer que la loi a voulu, avant tout, que les propriétaires des choses sauvées par le jet, contribuent à payer la perte éprouvée par les chargeurs, dont les marchandises ont été sacrifiées pour sauver les leurs.

Ne conviendrait-il pas cependant de faire une distinction?

Les marchandises jetées à la mer appartenaient, soit aux chargeurs d'Hippone, soit aux marchands du port d'Ostie, soit enfin partie aux uns et partie aux autres.

Si les marchandises jetées appartenaient aux chargeurs d'Hippone, la contribution sera due évidemment par les cochargeurs, et elle sera payée uniquement par les marchands d'Hippone, dont les effets ont été sauvés; car ceux d'Ostie qui ont tout perdu ne doivent pas contribuer.

Déciderons-nous de même dans le deuxième cas, c'est-à-dire dans l'hypothèse où les marchandises jetées appartenaient aux chargeurs allant à Ostie? Sans doute les choses jetées auraient péri inévitablement dans le naufrage général, mais il n'en est pas moins vrai que sans le jet de ces marchandises, on n'aurait pas sauvé la cargaison d'Hippone.

Nous pensons que l'on doit adopter la solution donnée par Callistrate, dans la loi 4, § 2. Il s'exprime ainsi : « *Sed si navis quæ in tempestate, jactu mercium unius mercatoris, levata est, in alio loco submersa est, et aliquorum mercatorum merces per urinatores extractæ sunt data mercede; rationem heberi debere ejus, cujus merces in navigatione levandæ navis causâ, jactæ sunt ab his, qui postea sua per urinatores servaverunt, Sabinus æque respondit.* »

L'espèce nous paraît assez conforme à celle que nous avons citée, les marchandises d'Hippone qui ont été sauvées par le jet, peuvent être assimilées aux mar-

3

chandises retirées de la mer après le naufrage du navire.

Les solutions données dans les deux premières hypothèses, nous permettent de résoudre la question dans le cas où les choses jetées appartenaient, partie aux marchands d'Hippone, partie aux chargeurs du port d'Ostie. La contribution sera due par les marchands d'Hippone dont les marchandises ont été sauvées.

III. — Comment s'exerce la contribution ?

Les lois 2 et 4 paraissent très-explicites sur cette question, et cependant elle a été diversement résolue. Il semble que le principe d'équité qui domine dans cette loi, soit ici en contradiction avec les textes.

Paul, dans la loi 2, § 4, s'exprime ainsi : « *Portio autem pro œstimatione rerum, quœ salvœ sunt, et earum, quœ amissœ sunt, præstari solet. Nec ad rem, pertinet, si hœ, quœ amissœ sunt, pluris veniri poterunt : quoniam detrimenti, non lucri, fit præstatio sed in his rebus, quarum nomine conferendum est, œstimatio debeat haberi, non quanti emptœ sunt, sed quanti veniri possunt.*

La contribution doit donc s'exercer en tenant compte au propriétaire des choses sacrifiées, du prix qu'elles lui ont coûté, et en estimant les choses sauvées d'après leur valeur au point d'arrivée. On frappera ainsi les choses sauvées d'une contribution proportionnée à l'intérêt matériel qu'elles représentaient.

Le principe de la contribution étant ainsi posé, il s'agit de savoir comment elle s'appliquera.

Parmi les difficultés que présente cette loi dans son application, une des plus importantes consiste dans la question de savoir si les marchandises sauvées supporteront seules la contribution, ou si les marchandises sacrifiées contribueront aussi pour une part.

Les principes exposés, avons-nous dit, semblent en contradiction avec l'équité.

Il paraît injuste, en effet, de ne pas faire entrer en ligne de compte pour une part contributive l'indemnité payée à ceux qui ont été indemnisés du sacrifice qu'ils ont souffert.

Il arrivera alors que ceux dont les marchandises ont été sauvées, auront seuls à souffrir du jet et même parfois dans des proportions considérables.

Prenons une espèce pour rendre notre raisonnement plus précis :

Toutes les marchandises de Primus ont été jetées à la mer et perdues en entier ; elles avaient coûté 10,000. Les objets sauvés par ce sacrifice ne valent, tout compris, que 10,000 arrivés au lieu de destination.

Si la contribution doit porter exclusivement sur les choses sauvées, et si le propriétaire des marchandises sacrifiées doit être indemnisé intégralement de ses pertes, c'est-à-dire jusqu'à concurrence de la valeur des choses sauvées, nous arrivons à ce résultat injuste, à savoir : que Primus qui a jeté à la mer ses marchandises, recevra 10,000 et rentrera, par conséquent, dans ses déboursés, tandis que Secundus et Tertius, abandonnant leur marchandise pour payer Primus, perdront tout.

Cette solution est évidemment contraire à l'équité.

Nous allons examiner quelle a été, sur cette question, l'opinion du jurisconsulte Callistrate; elle se trouve consignée à la loi 4, § 3.

Voici quelle est l'espèce citée par Callistrate :

« Pour sauver le navire en danger on a jeté des marchandises à la mer; celles qui sont restées sur le navire ont été gâtées par suite du jet.

« Le propriétaire de ces marchandises est-il obligé de contribuer à la perte? Il semble qu'il n'est pas juste qu'il supporte un double dommage résultant et du fait de la contribution et de la détérioration de sa chose. »

Callistrate décide que le propriétaire des choses avariées par le jet, contribuera en proportion de la valeur présente de ses marchandises, et pour mieux préciser sa pensée, il cite l'exemple suivant :

« Deux marchands avaient chacun sur le même navire pour 20,000 sesterces de marchandises, mais l'un d'eux eut les siennes avariées par l'eau à la suite du jet, et réduites par ce fait à 10,000, celui dont les marchandises sont restées intactes, contribuera pour 20,000 et l'autre pour 10,000. »

L'espèce citée par Callistrate ne résout pas la question, parce que l'hypothèse et le raisonnement n'ont pas été poussés assez loin. Complétons l'espèce pour plus de clarté; voici la situation respective des chargeurs :

Primus a chargé des marchandises pour une valeur de 20,000 sesterces.

Secundus pour 20,000 également; mais la valeur de ses marchandises a été réduite à 10,000, par suite d'avaries provenant du jet.

Tertius avait chargé pour 7,000; mais toutes ses marchandises ont été jetées à la mer et perdues.

Quartus était le propriétaire du navire qui valait 40,000 sesterces.

Si nous admettons que les marchandises sacrifiées ne contribuent pas, il faudra indemniser Tertius de la perte totale qu'il a faite, 7,000 sesterces.

Primus aura à payer,	2,000 sesterces.	
Secundus —	1,000	—
Quartus —	4,000	—
Total.	7,000 sesterces, somme	

égale à la perte subie par Tertius, à qui cette somme sera payée pour l'indemniser du dommage qu'il a souffert à la suite du jet.

En adoptant cette solution, Secundus seul sera victime du jet : d'une part il perdra 10,000 sesterces de marchandises avariées, plus 1,000 pour sa part contributive; total, 11,000 sesterces; tandis que Tertius n'aura rien perdu.

Cette conclusion tirée de l'espèce citée par Callistrate, est en opposition avec le principe du même jurisconsulte, disant : « Qu'il n'est pas juste de faire souffrir de deux côtés le propriétaire des marchandises avariées, en lui faisant payer, d'une part, la contribution, et laissant, d'une autre part, à sa charge, la détérioration survenue à sa marchandise. » Aussi, dans la deuxième partie de la loi 4, Callistrate semble avoir

corrigé ce qu'avait de trop rigoureux sa première conclusion : « Il faut, dit-il, employer une distinction
plus subtile et examiner si le chargeur, dont les marchandises ont été avariées sur le vaisseau, subit une
perte plus grande que s'il avait payé sa part dans la
contribution. Par exemple, si la valeur de ses marchandises étant de 20,000 sesterces, sa part dans la
contribution de 10,000, et que sa perte fût de 2,000,
il devra contribuer pour sa part, déduction faite de sa
perte, soit pour 18,000 ; mais *quid* si sa perte est de
10,000 et sa part dans la contribution de 2,000? »

Il n'est pas juste qu'il souffre l'un et l'autre dommage. Examinons si, dans ce cas, les autres ne devraient pas contribuer à son profit.

Il importe peu, en effet, que le sacrifice provienne
du jet des marchandises à la mer ou des conséquences
de ce jet, qui ont eu pour résultat d'avarier les marchandises restantes.

Il paraît juste que le secours qui est accordé à ceux
qui ont perdu leurs marchandises à la mer, soit étendu
à ceux qui, dans le même accident, ont souffert par
la détérioration des leurs; c'est également l'opinion de
Papirius Fronto.

Cette solution, bien que se rapprochant un peu plus
que la précédente du point de vue auquel nous nous
sommes placé, ne nous permet pas cependant encore
de résoudre la question posée : « Les marchandises
sauvées contribueront-elles pour une part à la perte
éprouvée ; en d'autres termes, les chargeurs qui ont
souffert du jet et qui ont été indemnisés de cette perte,

auront-ils à supporter une part contributive dans le dommage total éprouvé ? »

Cujas nous apprend (1) qu'Accurse et d'autres jurisconsultes ne trouvent pas équitable que le chargeur soit indemnisé en entier de la perte que lui a fait subir le jet, de telle façon qu'il ne supporte aucun dommage.

Voici l'espèce citée par Cujas et qu'il emprunte à l'arithmétique de Gemma Phrisius :

Trois marchands avaient chargé des marchandises sur le même navire.

Primus avait acheté 100 ses marchandises qui furent jetées.

Celles de Secundus peuvent aujourd'hui se vendre 400.

Celles de Tertius, 500.

Quartus, propriétaire du navire, peut le vendre 300.

Secundus contribuera donc pour	33 et 1/3	·
Tertius pour	41 et 2/3	
Et Quartus pour	25	»/»
Total.	100	»/»

La solution donnée par Cujas, conforme à celle de Callistrate, mérite comme celle-ci d'être critiquée au point de vue de l'équité.

Du reste, Cujas avoue que lui-même n'approuvait pas cette solution, avant d'avoir mieux étudié cette loi.

Voici dans quels termes il cherche à justifier l'opi-

_____

(1) Liv. xxxiv, *Pauli ad edictum.*

nion de Paul et de Callistrate : « On peut, en effet,
« justifier la solution de la loi, car la contribution
« n'est due, aux termes de la loi, que par les choses
« qui ont été conservées saines et sauves. D'où il ré-
« sulte que la charge de la contribution pèse en pro-
« portion des choses sauvées; on ne doit donc pas
« faire contribuer pour la plus minime part le char-
« geur qui a vu jeter à la mer tout ce qu'il avait
« chargé sur le navire. Mais si l'un n'avait jeté qu'une
« partie de ses marchandises, l'autre partie ayant été
« conservée, il devrait pour cette partie, venir à con-
« tribution avec les autres.

« Mais si on a jeté tout ce qui lui appartenait
« pour sauver le navire et les marchandises des autres
« chargeurs et qu'on les ait sauvées, il n'est pas juste
« qu'il souffre aucun dommage.

« Ce que nous avons dit, au commencement de cette
« loi, touchant la perte qui devait être répartie pro-
« portionnellement et en commun, n'est pas en con-
« tradiction avec l'opinion que nous émettons main-
« tenant, attendu que l'on doit interpréter ainsi ces
« termes : la perte doit être mise en commun et par-
« tagée proportionnellement, seulement entre ceux qui
« ont eu le bénéfice de conserver leurs marchandises
« saines et sauves par suite du jet. »

Devons-nous, en présence d'une opinion aussi formelle de cet éminent jurisconsulte, décider contraire-
ment à son avis, que l'on doit faire peser la contribution sur les choses sacrifiées et sur les choses sauvées,
et établir ensuite entre tous une répartition équitable
des pertes.

Nous pensons, que le législateur qui a cherché avec tant de sollicitude à répartir équitablement, entre tous les intéressés, les pertes résultant du jet et de l'avarie, a omis de traiter spécialement ce point de droit et de fait.

La question d'équité dans toutes ces espèces, semble dépendre d'une question de fait.

Quelle que soit l'opinion qu'on adopte, on peut, d'un côté comme de l'autre, rencontrer l'injustice ou l'équité ; ce résultat est dû à la différence du point de vue auquel on doit se placer pour estimer les choses. Les unes, c'est-à-dire les choses jetées, seront estimées au prix d'achat, afin, dit la loi, que le chargeur qui a souffert du jet, ne puisse pas retirer un bénéfice de l'accident qui est arrivé ; les autres, au contraire, les choses sauvées, seront estimées, en tenant compte de leur plus-value au lieu d'arrivée, parce que le chargeur qui n'a pas souffert du jet, doit contribuer en proportion de l'intérêt qu'il avait à sauver ses marchandises.

Il peut dès-lors arriver que la plus-value soit telle, que tout en contribuant à indemniser le chargeur sinistré de la perte totale, il reste encore un bénéfice au marchand dont les denrées ont été sauvées ; car il ne faut pas oublier qu'à cette époque on ne s'aventurait sur mer avec des marchandises qu'en vue de bénéfices considérables et généralement réalisés. C'est certainement à ce point de vue que s'est placé le législateur romain.

Le chargeur sinistré contribuera donc en ce sens qu'il sera privé du bénéfice que les autres ont réalisé.

Le voyage ne lui rapportera rien, tandis qu'il est possible que même après la contribution, les cochargeurs aient encore une valeur supérieure à leur prix d'achat.

Mais cette solution est aléatoire. Pour être équitable d'une manière absolue, le législateur aurait dû adopter une même base pour l'évaluation des marchandises; les estimer, les unes et les autres, au prix du cours du lieu d'arrivée; on aurait pu alors faire intervenir dans la contribution le chargeur indemnisé de sa perte, au prorata du dommage souffert et de la valeur estimative de sa chose au port de destination. C'est ce qu'a fait le Code de Commerce dans son article 417.

Ainsi la condition de tous aurait été pareille et le hasard n'aurait joué aucun rôle. Cette solution si simple, qui est du reste celle de l'article 417 du Code de Commerce, n'aurait pas manqué d'être aperçue des jurisconsultes romains. S'ils ne l'ont pas adoptée, nous devons croire que c'est par suite de la difficulté d'estimer la valeur vénale qu'auraient eue les choses jetées au port d'arrivée; sans doute parce qu'alors les bénéfices étaient très-variables et ne pouvaient pas se déterminer approximativement comme aujourd'hui.

Appliquons ce raisonnement à l'hypothèse citée par Callistrate :

Primus a chargé pour 20,000 ;

Secundus pour 20,000 également, réduite à 10,000;

Tertius pour 7,000, mais il a tout perdu ;

Quartus était le propriétaire du navire qui valait 40,000.

Cette espèce est incomplète, le jurisconsulte romain

ayant omis de distinguer le prix d'achat du prix de vente, ainsi qu'il est expressément recommandé dans la loi 2 : « *Nec ad rem pertinet, si hæ, quæ amissæ sunt plus venire poterunt..... sed in his rebus quarum nomine conferendum est, æstimatio debeat haberi non quanti emptæ sunt, sed quanti veniri possunt.* »

L'espèce aurait dû être posée ainsi :

Primus a chargé des marchandises achetées 10,000 et valant 20,000 au port d'arrivée.

Secundus a chargé des marchandises achetées 10,000 également et qui auraient valu 20,000 à destination ; mais elles ont été réduites à une valeur de 10,000 par l'avarie survenue à suite du jet.

Tertius avait acheté pour 7,000 de marchandises, il a tout perdu.

Nous avons fait voir en quoi la solution de Callistrate blessait l'équité.

Si, au contraire, on avait évalué toutes ces choses selon leur valeur au lieu d'arrivée, ainsi qu'on a eu soin de le faire pour le navire de Quartus, attribuant aux marchandises de Tertius une valeur de 20,000, par exemple, on aurait alors pu faire le décompte suivant :

Primus a acheté 10 et vendu 20.

Secundus a acheté 10 et vendu 10 au lieu de 20 ; il a perdu 10, dont on doit lui tenir compte.

Tertius a acheté 7, il aurait vendu 20 ; il a tout perdu, on doit lui tenir compte de 20.

Quartus aurait vendu 40.

Le total des pertes est : pour Secundus, de 10 ; pour Tertius, de 20 ; en tout 30,000.

Primus devra donc.	6,000
Secundus.	6,000
Tertius.	6,000
Quartus	12,000
Total.	30,000

Chacun sera ainsi rédimé de ses pertes et personne n'aura souffert aucun dommage, la plus-value ayant suffi pour couvrir la perte.

Tout en décidant qu'il eût été plus conforme aux principes de l'équité de régler d'après ces bases, nous devons reconnaître que la solution donnée par le jurisconsulte romain, n'est pas absolument injuste ; car il arrivera souvent en fait que la plus-value sera à peine suffisante pour payer la perte résultant du jet, ce qui placera alors tous les chargeurs sur un pied d'égalité, chacun se trouvant, après le paiement de la contribution, n'avoir retiré de sa chose, comme le chargeur sinistré, que le prix d'achat. Cependant nous maintenons notre critique à l'égard de la solution romaine ; car il n'est pas admis en doctrine qu'une question de droit dépende d'une question de fait, et que la solution soit équitable dans un cas et non dans un autre ; ce n'est pas là une solution juridique.

Il faut, dit le jurisconsulte Callistrate, dans la loi 4, distinguer les causes de l'avarie. Si la détérioration est survenue parce qu'à la suite du jet les marchandises qui se trouvaient primitivement abritées ont été mises à découvert, la contribution sera due en proportion de la valeur conservée ; si, au contraire, la dépréciation est survenue par suite de négligence de la part du propriétaire de la chose, par exemple : pour avoir laissé ses marchandises dans un coin du navire où l'eau pouvait naturellement pénétrer ; dans ce cas, la contribution sera due par le propriétaire de la chose endommagée, pour la valeur totale qu'elle aurait eue si l'avarie ne l'avait pas dépréciée.

A ne s'attacher qu'à la lettre de la loi, on pourrait croire cependant qu'on ne doit estimer la chose que pour la valeur qui lui reste, *portio autem pro æstimatione rerum quæ salvæ sunt ;* mais si nous recherchons l'esprit de la loi, nous devons repousser cette solution et admettre que la chose détériorée par la faute du chargeur, contribuera comme si elle n'eût pas été détériorée, la faute de l'un ne pouvant nuire aux autres, ce qui arriverait si on admettait la solution qui semble se déduire naturellement de la lettre de la loi.

Le maître du navire devra-t-il contribuer pour la valeur totale de la coque et des agrès, la contribution devra-t-elle également porter sur le fret ?

Nous devons décider ces questions d'après le texte même de la loi.

La contribution, dit la loi, est due pour les choses sauvées sur le pied de leur valeur au lieu d'arrivée.

Le propriétaire du navire devra donc contribuer, d'après la valeur du navire y compris la coque et les agrès, il n'y a pas de doute à cet égard ; mais la contribution devra-t-elle également porter sur le fret, nous ne le pensons pas.

Quelle est, en effet, la valeur proprement dite du navire? C'est le prix qu'on en retirerait si on le vendait on entier ; mais comme on ne peut pas dire que le fret soit une partie du navire, le fret ne sera pas compris dans la vente ; le navire doit donc s'estimer déduction faite du fret.

Le fret est dû au patron pour l'indemniser, de sa peine et de ses dépenses, — loyer des gens de l'équipage ou avaries légères survenues au navire,— pour le rédimer de la moins value du navire qui augmente à chaque voyage, il est donc juste de ne pas comprendre le fret dans la valeur attribuée au navire.

Il est du reste à considérer que, tandis que la marchandise transportée aura, au lieu de destination, une valeur supérieure à celle qu'elle avait au point de départ, le navire au contraire aura une valeur moindre.

Le prix de transport représente pour les chargeurs une partie de la plus value que leurs marchandises ont acquises, le fret, au contraire, représente pour le patron la compensation des dépenses qu'il a faites.

CHAPITRE IV

DE L'ACTION EN CONTRIBUTION.

La loi 2 renferme les règles de la procédure que doit suivre le propriétaire des marchandises sacrifiées, pour obtenir des autres chargeurs le remboursement du dommage qui lui a été causé par avarie, ou de la perte qu'il a subie par le jet de ses marchandises à la mer.

Étudions le texte de notre loi.

Paul nous apprend que, lorsque des marchandises ont été jetées pour sauver un navire battu par la tempête, les propriétaires de ces marchandises, dans le cas où ils seront convenus d'un loyer pour le transport, pourront intenter contre le maître du navire l'action *locati*, pour se faire indemniser par lui de la perte qu'ils ont subie.

Le patron du navire intentera à son tour contre le propriétaire des choses sauvées l'action *conducti*, pour l'obliger à contribuer au payement du dommage souffert.

On peut se demander pourquoi ce circuit d'action des chargeurs au capitaine, et de celui-ci aux autres chargeurs, il semble qu'il eût été plus simple que le propriétaire dont les marchandises ont été sacrifiées pût intenter directement une action contre les propriétaires des marchandises qui ont été sauvées.

Une considération juridique a dicté cette procédure, c'est que les propriétaires des choses jetées n'ont formé aucun contrat avec les chargeurs, dont les marchandises ont été conservées par le jet, ils sont donc sans action contre eux.

Ils n'ont pas d'action disons-nous, pourvu toutefois que les chargeurs qui ont jeté les marchandises des autres à la mer pour conserver les leurs aient agi sous l'impression d'une juste crainte et poussés par un motif légitime, car si le jet a été entaché de dol, ils auront l'action de dol (1).

(1) Dig., liv. xix, titre v, loi xiv, *de præscriptis verbis*.

Contre le maître du navire, ils ont l'action résultant du loyer; ils devront donc intenter contre celui-ci l'action *locati conducti*, afin qu'il agisse à son tour contre les autres chargeurs, pour les obliger à payer la contribution.

Cet argument prouve suffisamment que les propriétaires des choses perdues n'ont aucune action contre les autres chargeurs, en effet, s'ils avaient une action contre les autres chargeurs, ils ne seraient pas autorisés par la loi à forcer le maître du navire à faire ce qu'ils pourraient faire eux-mêmes.

On ne pourrait pas dire que le propriétaire des choses jetées a contre les autres chargeurs l'action *negotiorum gestorum,* attendu que l'on n'a pas à son insu et malgré lui jeté ses marchandises pour conserver celles des autres. C'est de l'avis de tous que l'on a résolu en commun que le jet aurait lieu, ainsi, du reste, que le dit la loi rhodienne.

Tous les chargeurs aidant à faire le jet, le propriétaire lui-même des choses sacrifiées y concourt.

Si le jet avait lieu du fait seul des propriétaires des choses sacrifiées, on devrait leur accorder l'action *mandati* contre les autres chargeurs plutôt que l'action *negotiorum gestorum*, et cependant, ils n'ont pas l'action *mandati,* attendu qu'ils n'ont pas agi avec l'intention d'accomplir un mandat.

Bien que les propriétaires des choses jetées n'aient pas d'action contre les autres chargeurs, ils ont toutefois l'action *locati conducti* contre le maître du navire.

Mais la question est de savoir de quelle action ils se serviront, de l'action *ex locato*, ou de l'action *ex con-*

ducto, celle-ci est donnée au *conductor*, celle-là au *locator*.

Paul fait une distinction, ou bien les propriétaires des choses perdues les ont confiées pour être transportées, ou bien ils ont loué sur le navire une place.

Dans le premier cas, nous dirons, puisque les propriétaires des choses jetées sont *locatores operis*, ils ont contre le patron du navire l'action *ex locato*, puisqu'il a reçu à son bord leurs marchandises pour les transporter.

Il intentera l'action *ex conducto* contre les autres chargeurs qui lui ont également donné des marchandises à transporter, afin de les faire condamner à payer leur part du dommage souffert par celui dont les marchandises ont été jetées à la mer, de façon à partager la perte en commun.

Nous voyons dans cette action le demandeur agir contre le défendeur, uniquement pour contraindre celui-ci à intenter à son tour une action contre une autre personne.

Ainsi donc le patron ou maître du navire, sera forcé par le propriétaire des choses jetées à agir par l'action *ex conducto*, contre les autres chargeurs qui ont également donné des marchandises ou des fardeaux à transporter.

Mais quelle action intentera-t-il contre les chargeurs qui n'ont donné à transporter aucune marchandise, aucun fardeau; contre ceux, par exemple, qui n'ont que des habits précieux, des perles, des anneaux d'or, ou autres choses de valeur qui ne chargent pas le navire; il est incontestable cependant, que les propriétaires de ces objets ayant eu intérêt à les sauver doivent contribuer à réparer le dommage.

Les propriétaires des choses jetées intenteront donc, ainsi que nous l'avons dit, l'action *ex locato* pour forcer le maître du navire à poursuivre les chargeurs qui n'ont ni marchandises, ni fardeaux.

La question maintenant est de savoir, au moyen de quelle action le patron agira contre les passagers qui n'avaient pas de colis. Il n'intentera pas l'action *ex conducto*, ainsi qu'il l'a fait à l'égard des chargeurs qui avaient des marchandises et des fardeaux, il agira donc par l'action *ex locato;* parce que si ces chargeurs n'ont pas donné des marchandises à transporter, ils ont du moins loué une certaine place sur le navire, et par ce fait ils sont devenus *conductores;* pour ce motif ils sont tenus en qualité de locataires.

Enfin, à l'égard de ceux qui ont donné leurs marchandises ou leurs fardeaux pour les faire transporter, le maître qui les a acceptés pour en faire le transport, agit par l'action *ex conducto,* pour se faire payer la contribution.

A l'égard de ceux qui n'ont rien donné à transporter, mais à qui le patron a livré certaines places sur son navire, il agira, pour la même raison, par l'action *ex locato,* comme un *locator* à l'égard du *conductor,* c'est-à-dire par l'action *ex locato,* pour contraindre les chargeurs à payer leur contribution dans le dégât; nous ajouterons que c'est la seule voie ouverte pour atteindre le résultat proposé.

Quant aux chargeurs qui ont donné à transporter des marchandises ou des fardeaux, ils peuvent être contraints à la contribution par deux moyens : par l'action *ex conducto*, ainsi que nous l'avons dit, et par la rétention de leurs marchandises, ainsi que le reconnaissent Servius et Paul.

Les propriétaires des choses jetées agiront donc par l'action *ex locato* contre le patron, soit pour que celui-ci agisse contre les autres chargeurs qui ont des marchandises par l'action *ex conducto*, soit pour qu'il retienne leurs marchandises et pour qu'il agisse par l'action *ex locato*, contre ceux qui n'ont pas de marchandises.

Lorsqu'on peut retenir les marchandises, ainsi que le dit Paul, ce moyen est préférable à l'action, parce que le rôle de défendeur est préférable à celui de demandeur ; ajoutez encore cette règle de droit que la chose est une meilleure caution que la personne.

Aussi les jurisconsultes décident-ils généralement et avec raison, que lorsque le créancier est parvenu à se mettre en possession des choses du débiteur, ce créancier obtient bien plus facilement le remboursement de ce qui lui est dû, s'il détient les choses, qu'en agissant par une action *in personam* contre son débiteur ; d'où il résulte qu'il est permis au créancier d'agir contre le débiteur en retenant ce qui lui appartient, pour le contraindre à payer ce qu'il doit.

Mais que déciderons-nous relativement aux chargeurs dont le patron du navire a accepté les marchandises gratuitement sans contrat de louage ?

Que déciderons-nous également, à l'égard de ceux qui n'ont pas de marchandises et dont le patron a consenti à transporter gratuitement la personne ?

Il est manifeste, que bien que transportées gratuitement, les marchandises pourront être retenues de
manière à contraindre leur propriétaire à contribuer
au dommage.

Mais que fera-t-on à ceux qui n'ont ni marchandises, ni fardeaux?

S'ils possèdent des pierreries, des perles, des anneaux, il est juste qu'ils contribuent parce que ces
choses ont été conservées dans leur patrimoine, et, à
notre avis, ils pourront être contraints à payer la contribution par l'action *in factum* qui est la dernière de
toutes, mais qui ne fait jamais défaut lorsqu'il est
juste d'accorder une action. (1)

Nous avons vu en premier lieu quelle était la situation des propriétaires des choses jetées, quand ces
choses avaient été confiées au patron pour être transportées; en second lieu, nous les avons vus ayant
loué une place sur le navire; mais ici il faut de nouveau distinguer s'ils ont loué tout le navire; alors
nous ne pouvons plus raisonner comme dans le cas
précédent, car le patron n'a, dans cette hypothèse,
contracté avec aucun des autres chargeurs puisqu'il
a loué à ceux-ci tout le navire.

Quant à ces derniers, s'ils ont admis sur le navire
d'autres chargeurs, ayant accepté leurs marchandises
pour les transports ou leur ayant loué des places sur
le navire; si des marchandises ont été jetées à la mer,
ils pourront, sans contredit, agir contre ceux dont les
marchandises ont été sauvées, soit par l'action *ex*

(1) Dig. liv. xix, tit. v, loi 1, § 1.

locato, soit par l'action *ex conducto* ou par l'action *in factum* contre ceux qui n'avaient pas de marchandises.

Ou bien encore, et c'est ici l'autre subdivision, les propriétaires des choses jetées n'ont pas loué tout le navire, mais seulement une place où ils ont arrimé leurs marchandises, que plus tard ils ont été obligés de jeter à la mer pour alléger le navire en danger; alors ils agiront certainement par l'action *ex conducto* contre le maître du navire pour que celui-ci, à son tour, agisse contre les autres chargeurs par l'action *ex conducto* ou *ex locato*, ou pour qu'il retienne leurs marchandises selon le contrat qu'il aura passé avec eux.

De même, les chargeurs qui ont loué une place sur le navire, s'ils sont obligés de jeter leurs marchandises, agiront par l'action *ex conducto* et non par l'action *ex locato* parce qu'ils ont loué ces places.

Dans le premier cas, lorsqu'ils ont donné des marchandises pour les faire transporter, ils agiront par l'action *ex locato;* dans le dernier cas, ils agiront par l'action *ex conducto*, car il y a une grande différence dans la situation de ceux qui ont donné des marchandises à transporter et celles de ceux qui ont loué une place.

S'il y a doute et si l'on ne sait quel est l'accord qui est intervenu entre les parties, c'est-à-dire s'ils ont donné à transporter ou s'ils ont loué une place; en un mot, si on ignore de quelle manière ils ont contracté avec le maître du navire, il conviendra d'agir par l'action *præscriptis verbis* contre le patron, attendu que pour avoir recours à cette action, la forme du contrat importe peu.

Comment procèdera-t-on dans le cas où quelques-unes des choses jetées apparaîtraient rejetées par la vague sur le rivage, ou retirées de la mer par des plongeurs? Elles seront déduites de la contribution.

Si la contribution a été payée, ceux qui en auront tenu compte agiront par l'action *ex locato* contre le maître du navire s'ils lui ont donné des marchandises à transporter. Le patron agira par l'action *ex conducto* contre le propriétaire des marchandises retrouvées afin qu'il rende aux autres ce qu'il a reçu en plus de ce qui lui revenait.

Ceux qui avaient loué le navire agiront contre le patron afin qu'il procède comme il a été dit au commencement de cette loi.

De ces arguments il résulte que les chargeurs n'ont entr'eux aucune action directe puisque, de part et d'autre, les actions ne peuvent avoir lieu qu'en les dirigeant contre le patron.

Si quelque chargeur dont les marchandises ont été conservées par le jet ne peut contribuer à cause de sa pauvreté, *quid?*

Mais peut-on considérer comme pauvre celui qui a des marchandises? Pourquoi pas, s'il doit plus que ne valent ses marchandises.

La loi 6 décide dans son paragraphe 6 que si quelque chargeur est insolvable on ne s'en prendra pas au patron parce qu'il n'est pas obligé de s'enquérir de la fortune de chacun.

Si donc, pour cause de pauvreté, quelque chargeur

ne peut contribuer, la perte résultant du jet devra être reportée sur les autres marchands.

Il semble cependant que le capitaine ne devrait pas recevoir à son bord des inconnus qui se présentent sans marchandises ou avec des marchandises d'une valeur presque nulle et sans caution ; pourquoi ne pas exiger dans ce cas une caution? C'est une imprudence de la part du patron ; il devrait être rendu responsable de son manque de précaution.

Cependant, la loi a décidé le contraire, afin d'éviter sans doute une investigation blessante envers l'étranger ou l'inconnu.

Du Loyer du navire.

Pour terminer notre étude sur la loi rhodienne il nous reste à parler du loyer du navire.

La loi 10 porte que si on a livré votre navire pour transporter des esclaves, il ne sera pas dû de frais de transport pour celui qui sera mort pendant la traversée (1).

Il faudra, à notre avis, rechercher quelle a été l'intention des parties au moment de la formation du contrat afin de savoir si le prix a été promis pour le nombre d'esclaves montés sur le navire ou bien pour le nombre transporté et arrivé à destination.

Dans le doute, nous pensons avec Paul que la présomption sera en faveur du patron du navire et qu'il

---

(1) Si une femme accouchait dans la traversée il n'était pas dû de frais pour l'enfant. Digest. livre xix, titre ii, *Locati conducti*, frag. 19, § 7.

lui suffira de prouver qu'il a fait entrer tant d'esclaves dans le navire.

En refusant au capitaine le paiement du prix de transport des esclaves morts dans la traversée, dans le cas où tous les esclaves embarqués seraient morts par suite d'une épidémie, on arriverait par ce raisonnement à ne rien payer pour frais de transport, de telle sorte que le patron aurait fait voyager son navire en pure perte ce qui serait souverainement injuste.

Dans le cas où on aurait loué la totalité du navire, nous n'hésitons pas à déclarer qu'il n'y aurait aucune distinction à faire et que la totalité du prix de transport serait due, pourvu que le navire arrive à destination, que la cargaison soit ou non restée entière, car le prix n'a pas été basé sur le nombre, la quantité ou le poids des choses à transporter, mais sur la capacité du navire et l'éloignement du point de destination, conditions qui n'ont pas pu varier; dans ce cas, le prix total promis au départ est donc dû sans distinction (1).

Celui qui a loué un navire pour le charger de deux mille amphores et qui en a placé un plus grand nombre, ne devra que le prix de transport de deux mille amphores, dit Labéon.

Paul est d'avis qu'il faut distinguer : si on a loué le navire entier, on ne devra rien de plus, quelle que soit la quantité chargée; si au contraire on a loué en prenant pour base du prix de location le nombre

(1) On ne devait aucun fret pour ce qui périssait par force majeure ou vice propre à la chose. Liv xix, tit. ii. *Loc. conduct.* frag. 15, § 2.

d'amphores, on devra payer en proportion du nombre d'amphores chargées.

Celui qui a loué un navire sous la condition que le patron lui paierait une indemnité dans le cas où les marchandises n'arriveraient pas à destination à l'époque déterminée, ne sera pas en droit d'exiger cette indemnité si le patron prouve qu'il a été empêché d'arriver au temps fixé par un fait indépendant de sa volonté, soit par suite de maladie, soit parce que son navire n'était pas en état de tenir la mer, pourvu toutefois que l'on ne puisse reprocher au patron ni négligence ni mauvaise foi.

Nous déciderons, au contraire, que la responsabilité du patron est engagée s'il a suivi un itinéraire autre que celui qui lui était indiqué; si, sans aucune nécessité et contre l'intention de l'expéditeur, il a chargé les marchandises sur un navire plus mauvais. C'est qu'en effet dans ce cas on peut accuser le patron de négligence.

Cependant Paul est d'avis que le patron n'est passible d'aucune indemnité, si l'événement qui a fait périr le mauvais navire était tel que l'autre navire eût péri inévitablement dans ces mêmes circonstances.

DROIT FRANÇAIS

NOTICE HISTORIQUE

Avant de parler des transports par chemin de fer, il nous paraît utile de rappeler brièvement les améliorations successives apportées dans l'industrie des transports en général.

MESSAGERIES.

Sans remonter très-haut dans l'histoire, vers le commencement du quatorzième siècle, bien avant l'établissement des postes par Louis XI, nous constatons l'existence de voituriers dits Messagers.

C'est l'Université de Paris qui eut l'idée d'organiser en 1315, un corps de messagers à cheval partant à des époques irrégulières, et spécialement chargés du transport des effets appartenant aux écoliers des diverses provinces, venus à Paris pour étudier. Ces messagers dépassant bientôt l'objet de leur fondation, se chargèrent également des commissions des particuliers.

Louis XI voulant faciliter les communications de la capitale, avec toutes les provinces de son royaume, rendit le 19 juin 1364, une ordonnance prescrivant d'établir de quatre lieues en quatre lieues, sur tous les grands chemins du royaume des maîtres tenant les chevaux du roi, appelés plus tard maîtres de poste, pour porter les dépêches ou paquets qui leur seraient adressés sous le sceau du Conseiller grand maître des coureurs de France.

La nouvelle institution ne fut d'abord destinée qu'au service de l'État. Cependant au siècle suivant les courriers royaux furent autorisés à prendre les paquets des particuliers.

Ces moyens de transport n'étaient pas en rapport avec les besoins toujours croissants des communications entre les habitants des diverses provinces; aussi voyons-nous en 1573 apparaître les loueurs de coches, qui demandent au roi Charles IX les permissions nécessaires pour établir des services de voiture, concurremment aux messagers et aux maîtres de poste.

Le service des coches fut règlementé en 1594; à cette époque Henri IV nomma Pierre Thireul, commissaire et surintendant des coches publics du royaume (1).

(1) Les messagers de l'Université furent supprimés en 1672, moyennant une indemnité annuelle de 300,000 livres qui leur fut payée jusqu'à la révolution.

En 1676, Colbert mit en adjudication le service des postes, qui précédemment était réuni aux messageries et compris dans la ferme des aides. Maître Lazare Patin, fut nommé alors fermier

Lo monopole des messageries qui avait été créé au profit de l'État, sous Louis XIV, fut supprimé en l'an **VI**.

Une loi du 30 floréal an XIII, avait soumis la création des entreprises des messageries à l'autorisation du gouvernement; une loi postérieure du 25 mars 1817, rendit la liberté à cette industrie, mais en maintenant l'impôt du dixième du prix des places, institué par l'art. 75 de la loi du 5 vendémiaire an XII.

ROULAGE

Nous ne ferons pas ici l'historique du roulage, nous nous bornerons à dire que l'échange des produits et par suite le transport des marchandises, date des premiers temps de la civilisation.

Les premiers transports par terre eurent lieu au moyen des bêtes de somme; plus tard, l'industrie ayant fait des progrès, on se servit de chariots. On songea alors à faciliter la traction des voitures, en affermissant et régularisant la surface des routes, il appartenait à la nation la plus commerçante de l'antiquité de prendre l'initiative de ces travaux. Les Carthaginois furent donc les premiers peuples qui eurent l'idée de paver les routes.

Rome voulut imiter Carthage, et l'an 312 avant Jésus-Christ, le censeur Appius Claudius Cæcus, dota sa ville d'une voie dont le sol était formé de dalles assemblées entre elles et reposant sur du béton.

général des postes de France, moyennant une redevance annuelle de 1,220,000 livres.

Ce système de routes fut appliqué plus tard par les Romains en Italie, en Espagne et dans la Gaule.

Ces voies réparées en partie au sixième siècle, par les ordres de la reine Brunehaut, furent généralement mal entretenues, aussi étaient-elles déjà presque impraticables sous Charlemagne, et le temps acheva de les détruire.

On attribue généralement à Philippe-Auguste, la création du premier système des grandes routes en France.

CHEMINS DE FER

Enfin en 1650, aux mines de Newcaste, on imagina de traîner des chariots chargés de houille, en les faisant rouler sur des madriers de chêne, placés parallèlement et fixés solidement au sol. Ce fut là l'origine des rails-ways.

Plus tard, on doubla les madriers de bandes de fer, pour éviter une trop prompte détérioration ; ces madriers furent à leur tour remplacés par des pièces de fonte reliées entre elles au moyen de coussinets placés au point de jonction. En 1805, des rails en fer forgé furent substitués aux rails en fonte.

Le grand problème de la rapidité des transports n'était pas entièrement résolu par le fait de l'amélioration ou du perfectionnement des voies, il fallait trouver un moteur plus puissant et plus rapide que ceux dont on disposait.

Salomon de Caus et le marquis de Worcester (1608-1663), avaient eu les premiers l'ingénieuse idée d'employer comme moteur la force expansive de la vapeur.

Papin et Savery (1690-1698), construisirent les premières machines à vapeur. Newcomen, Cowley (1705), et James Watt (1769), perfectionnèrent ces machines.

En 1770, l'ingénieur Cugnot inventa une voiture mue par la vapeur, mais il ne put parvenir à la diriger.

En 1804,'parut sur le chemin de fer de Merthyr-Tydwil, dans le pays de Galles, la première locomotive remorquant plusieurs wagons chargés de houille.

De 1814 à 1829, la construction des machines locomotives réalisa d'immenses progrès; enfin le 15 septembre 1830, on fit, sur le chemin de fer de Liverpool à Manchester, l'essai de la machine construite par Robert Stephenson; elle put aisément parcourir une distance de quarante et cinquante kilomètres à l'heure; le problème de la rapidité des transports était résolu.

Du contrat de louage.

DES VOITURIERS.

Transport des marchandises par chemin de fer.

Les marchandises de toute nature, matières premières, ou produits manufacturés, font l'objet d'un trafic d'autant plus considérable que la vente ou l'échange peuvent se faire sur un plus grand nombre de places rendues accessibles au commerce par la facilité des communications.

Un État doit donc multiplier autant que possible les voies de communication, car, en facilitant les transports, il contribue au développement de l'agriculture, du commerce et de l'industrie.

Les transactions commerciales devenant plus nombreuses, la richesse des particuliers augmente ainsi que la fortune publique et par suite le crédit de l'État.

Les chemins de fer sont venus ajouter un nouveau moyen de transport à ceux qui existaient déjà. Comparés aux anciens modes de locomotion, ils présentent des avantages tellement considérables de vitesse, de confortable, de responsabilité, je dirai même de sécurité, que sur beaucoup de points, ils ont forcé les autres transporteurs, leurs concurrents, à cesser leurs services.

DU MONOPOLE.

Les chemins de fer sont devenus sur beaucoup de parcours, par suite de la cessation du service des messageries, l'unique moyen de transport offert aux voyageurs; on a donc jusqu'à un certain point raison de dire, que les compagnies de chemins de fer, ont le monopole du transport des voyageurs.

Mais il ne serait pas exact, à notre avis, de prétendre que les compagnies ont le monopole exclusif du transport des marchandises.

Nous voyons, en effet, tous les jours, les personnes qui ont des colis d'un faible poids à expédier, hésiter sur le choix du moyen de transport à employer; les unes confient leurs paquets à la poste, celles-ci les remettent à un groupeur, d'autres au roulage, celles-là au chemin de fer.

Les conditions de prix, de délai et de responsabilité diffèrent selon que l'on donne la préférence à la poste, au groupeur, au roulage, ou au chemin de fer; ces services se faisant ainsi concurrence les uns, les autres, aucun d'eux ne peut être considéré comme jouissant du monopole des transports.

Les négociants eux-mêmes, ont, dans certaines contrées, de Marseille à Cette, par exemple, le choix entre le transport par mer et le transport par chemin de fer, pour l'expédition de leurs fardeaux.

Les canaux sont aussi des concurrents redoutables qui obligent les compagnies des chemins de fer à maintenir des prix de transport très-réduits sur les parcours concurrencés par la voie d'eau.

Enfin l'existence des tarifs spéciaux ou à prix réduits prouvent encore que les compagnies ont à lutter contre des concurrents; car l'abaissement du prix des tarifs a presque toujours lieu en vue de combattre un concurrent.

Nous ajouterons même que les chemins de fer sont parfois établis dans des conditions telles qu'ils se font concurrence entre eux. Par exemple, lorsque deux lignes aboutissant à un même centre, Paris, ont un point de soudure commun, soit directement, soit par l'intermédiaire d'une autre compagnie qui les relie entre elles.

Les expéditeurs ont, alors, le choix entre l'une et l'autre direction et les compagnies se trouvent ainsi en concurrence entre elles.

Pour être exact, on doit dire, que les compagnies des chemins de fer, n'ont pas le monopole des transports en général, mais qu'elles ont le monopole des transports par chemins de fer, cette industrie n'étant pas libre puisqu'elle est soumise à l'autorisation du gouvernement (1).

Du reste, les compagnies des chemins de fer, ne font exception à la loi commune qui régit les transporteurs, qu'en ce qui concerne l'établissement et l'exploitation de la ligne. A cet égard, elles restent soumises au contrôle de l'État. Sous les autres rapports l'analogie avec les autres entreprises de transport est complète; les compagnies des chemins de fer peuvent, en effet, être concurrencées, de même que les expéditeurs restent libres de traiter ou de ne pas traiter avec elles.

Au point de vue juridique, les compagnies des chemins de fer et les autres entreprises de transports ont encore un autre caractère qui leur est commun, elles sont, en effet, les unes et les autres, soumises aux mêmes lois et par conséquent justiciables des mêmes tribunaux, en qualité de voituriers.

Caractère du contrat de louage.

La convention par laquelle une ou plusieurs personnes s'obligent, envers une ou plusieurs autres, à donner, à faire, ou à ne pas faire quelque chose est un contrat (art. 1101 du Code civil).

(1) Art. 3 de la loi du 3 mai 1841. — Senatus-Consulte de 1852. — Loi du 27 juillet 1870.

Lorsque les contractants s'obligent réciproquement les uns envers les autres, le contrat est dit synallagmatique ou bilatéral (art. 1102 du Code civil).

La convention par laquelle le voiturier s'oblige à transporter et remettre à destination une chose confiée par un expéditeur qui a pris l'engagement de payer le prix convenu pour le transport, constitue donc un contrat synallagmatique, qui est désigné sous le nom de louage de transport.

Le Code civil dans ses art. 1782 à 1786, ainsi que le Code de commerce dans les art. 96 à 109, ont spécialement traité des droits et des devoirs des voituriers.

Les compagnies des chemins de fer n'étant autre chose que des entreprises de transport, doivent être régies par les articles de la loi qui traitent des voituriers (1).

Du voiturier considéré comme dépositaire nécessaire.

Examinons quelles sont les obligations du voiturier; et d'abord recherchons à quel moment sa responsabilité commence d'être engagée.

Le contrat de transport se forme par le seul consentement des parties, mais il est possible que la remise de la chose à transporter ait précédé le contrat.

Le fait de la remise de la chose suffit-il pour engager la responsabilité du voiturier, est-il indispensable, au contraire, que la convention établissant les bases du

(1) Cour de Paris, 5 décembre 1850. — 30 août et 19 novembre 1853.

contrat ait précédé la remise de la marchandise, pour que le transporteur soit responsable?

Nous pensons qu'il suffit que la marchandise ait été apportée dans l'entrepôt du voiturier, pour qu'il soit responsable à titre de dépositaire nécessaire.

Nous n'admettons pas, qu'il soit indispensable que la chose ait été remise ou confiée au voiturier ou à l'un de ses préposés pour que sa responsabilité soit engagée.

Nous croyons, qu'il suffit que l'expéditeur prouve le fait matériel du dépôt; pour que le transporteur, hors le cas de force majeure ou le vice propre à la chose, soit responsable de la perte ou de l'avarie de la marchandise, bien que l'évènement ait eu lieu avant que les conditions du transport aient été arrêtées entre les parties.

Pour soutenir notre manière de voir, nous nous appuyons sur les art. 1782 *in fine*, 1949, 1950 et 1952 du Code civil.

Les partisans de l'opinion contraire, invoquent les art. 1782 et 1783 du Code civil, dans lesquels le législateur s'est servi des termes *remis* et *confié*, qui semblent impliquer la nécessité de la remise de la chose aux mains du voiturier à qui on l'a confiée, pour que celui-ci soit rendu responsable du dépôt.

L'art. 1782 du Code civil dit, en effet, que les voituriers sont assujettis pour la garde et la conservation des choses qui leur sont confiées, aux mêmes obligations que les aubergistes.

Quant à l'art. 1783, il s'exprime ainsi : Les voituriers répondent non-seulement de ce qu'ils ont déjà reçu dans leur voiture, mais encore de ce qui leur a été remis dans l'entrepôt pour être placé dans leur voiture.

Sans contester la valeur des termes employés par le législateur, nous croyons, qu'il serait imprudent de s'attacher trop rigoureusement à la signification d'un mot, lorsqu'il s'agit d'interpréter un article du Code. A notre avis on doit rechercher avant tout quel est l'esprit de la loi et l'intention du législateur. C'est par l'étude de l'ensemble des articles qui se rapportent à la même question, les interprétant les uns par les autres, que l'on doit arriver à découvrir la véritable pensée des rédacteurs de la loi.

Nous voyons que dans tous les articles qui traitent des transporteurs, le législateur a cherché à protéger l'expéditeur contre l'incurie ou l'imprudence du voiturier, contre la négligence ou l'infidélité de ses domestiques. C'est pour stimuler la vigilance du transporteur que la loi a voulu rendre sa responsabilité aussi grande et aussi complète que possible.

La loi devait ces garanties de sécurité absolue aux expéditeurs qui déposent leurs marchandises dans les magasins du voiturier, si ce dernier est absent dans ce moment ou s'il ne dispose pas d'un personnel suffisant, pour recevoir toutes les marchandises qui lui sont apportées, et pour veiller à la conservation de celles qui sont déposées dans ses entrepôts, l'expéditeur ne peut pas être la victime de la parcimonie ou de la négligence du transporteur (1).

(1) Le législateur a usé d'une très grande sévérité vis à vis des commissionnaires de transport, parce que leur négligence cause

Si maintenant nous étudions les art. 1782, 1783 et 1959, nous remarquons tout d'abord que les termes dont s'est servi le législateur pour caractériser la nature du dépôt, deviennent successivement à mesure que l'on passe d'un article à l'autre moins rigoureux à l'égard des précautions que doit prendre l'expéditeur.

Dans l'art. 1782, la loi dit, que la chose sera confiée, ce qui semble obliger l'expéditeur à remettre la chose au voiturier, avec recommandation de veiller sur elle.

L'art. 1783, au lieu d'employer le mot confier, se sert du terme remis. L'expéditeur semble déjà être tenu à moins de précautions pour assurer sa garantie et son recours contre le voiturier; il suffit, d'après cet article, qu'il ait remis sa marchandise, pour que le voiturier soit responsable en cas de perte ou d'avarie.

Nous ferons même observer que la loi ne spécifie pas que la remise devra être faite à la personne, d'où nous pouvons conclure, en faveur de notre opinion, que le fait de la remise au domicile suffit, pour engager la responsabilité du voiturier.

Enfin le législateur, pour mieux préciser sa pensée, prend soin de nous dire à la fin de l'art. 1782 que le transporteur sera assimilé à l'aubergiste pour la garde et la conservation des ballots ou marchandises.

Ces dernières expressions de l'art. 1782, rapprochées des art. 1952 et 1949 du Code civil, achèvent de détruire l'importance que l'on a donnée au mot confié employé au commencement de l'art. 1782.

un énorme préjudice aux intérêts commerciaux, et qu'ils se montrent toujours prêts à décliner la responsabilité qui pèse sur eux. — J.-J. Clamagéran, *Du louage d'industrie*, page 402.

Puisque le voiturier est assimilé à l'aubergiste, recherchons quelles sont les obligations de ce dernier, comme dépositaire.

L'art. 1952 du Code civil, nous apprend que les aubergistes ou hôteliers, sont responsables comme dépositaires des effets apportés par le voyageur.

Cette gradation que nous avons signalée dans les termes employés par les rédacteurs de la loi s'est continuée. Nous remarquons, en effet, qu'il n'est plus question dans l'art. 1952 de marchandises confiées ou même remises, il suffit qu'elles soient apportées dans l'hôtel ou dans l'entrepôt, pour que la responsabilité du dépositaire soit engagée.

Cette nuance qui existe dans le choix des termes successivement employés est caractéristique. Si après ces explications, il pouvait encore rester sur cette question un doute dans l'esprit, les derniers mots de l'art. 1952, achèveraient de le dissiper, ils sont formels; ce dépôt doit être regardé comme un dépôt nécessaire, dit la loi.

Ayant admis que le voiturier est responsable à titre de dépositaire nécessaire, nous devons rechercher quelles sont les dispositions de la loi relatives au dépôt nécessaire.

DU DÉPÔT NÉCESSAIRE.

Caractère de ce dépôt.

Le dépôt nécessaire, dit l'art. 1949 du Code civil, est déterminé par quelque accident, tel qu'un incendle, une ruine, un pillage, un naufrage ou tout autre événement imprévu.

Dans ces circonstances, il n'est laissé au déposant, ni la liberté de ne pas faire le dépôt, ni le loisir pour choisir le dépositaire, ni le temps pour observer quelque formalité que ce soit. Pour que le dépositaire soit responsable, il suffit d'une part qu'il ne se soit pas opposé au dépôt, d'autre part, que le déposant prouve le fait du dépôt.

De la preuve du dépôt nécessaire.

Comment le déposant prouvera-t-il le dépôt, si la marchandise a péri avant qu'il ait été délivré un reçu par le dépositaire et si la valeur des choses déposées dépasse 150 francs? L'art. 1341 du Code civil est formel. « La preuve testimoniale, dit cet article n'est pas admis pour les choses d'une valeur excédant 150 francs. »

La sollicitude du législateur envers l'expéditeur qu'il a voulu protéger contre la négligence ou l'infidélité du voiturier n'a pas fait défaut au déposant dans ces circonstances. L'art. 1348 du Code civil est venu, en effet, créer une exception à la preuve testimoniale en faveur du déposant et de l'expéditeur.

L'art. 1348 dit, qu'en cas de dépôt nécessaire, il sera fait exception aux règles posées dans l'art. 1341 et suivants.

La preuve testimoniale est donc admise en cas de dépôt nécessaire sans aucune limitation de valeur, quant aux choses déposées.

Nous avons vu ainsi la loi par des dispositions tutélaires écarter successivement les entraves que le

déposant pouvait rencontrer dans la preuve du dépôt
et la revendication de sa chose.

Après toutes ces considérations, peut-on contraire-
ment à notre opinion, venir soutenir qu'il ne suffit pas
que le dépositaire ne se soit pas opposé au dépôt pour
en être rendu responsable, qu'il faut de plus que le
dépôt lui ait été confié, remis à lui-même ou à son
fondé de pouvoirs et accepté? Nous répondons non, car
en cas d'incendie, de pillage, de naufrage, les choses
apportées, entassées dans la maison de celui qui a
ouvert ses portes pour les recevoir, sont si variées, si
nombreuses, que le dépositaire et ses domestiques ne
suffiraient pas pour reconnaître et accepter tout ce qui
dans le tumulte d'un incendie a été déposé chez lui.
Il a ouvert les portes de sa maison, et par ce fait, il
a consenti à accepter la responsabilité du dépôt, de
tout ce qui serait prouvé par témoins, avoir été apporté dans ses magasins.

La loi assimilant d'une manière complète le voiturier à l'aubergiste et celui-ci étant responsable du
dépôt nécessaire, les conditions de ce dépôt, telles que
nous venons de les exposer, doivent s'appliquer rigoureusement au transporteur.

*Justification des dispositions de la loi relatives au
dépôt nécessaire, en ce qui concerne le voiturier.*

Il faut reconnaître, que dans la remise d'un fardeau à un voiturier, nous ne rencontrons aucun des
caractères propres aux évènements imprévus, dont
parle l'art. 1949 du Code civil. L'expéditeur en ap-
portant sa marchandise ne cède pas à la menace d'un

danger imminent ; il agit avec une entière liberté, il dispose de tout le temps voulu. Sa situation diffère entièrement de celle qui est faite à un homme qui pour sauver ses effets d'un incendie, d'un pillage ou d'un naufrage, les dépose dans la première maison, dont il trouve les portes ouvertes. Comment donc le législateur a-t-il pu être amené à assimiler les obligations dont est tenu le voiturier à celles d'un dépositaire nécessaire ?

Nous devons admettre que la loi en décidant ainsi, a voulu prévoir le cas où l'expéditeur ne trouvant personne pour recevoir sa marchandise l'aura, malgré cela, laissée en dépôt dans les magasins du transporteur. Pour stimuler la vigilance du voiturier, dans ces circonstances, la loi a voulu le rendre responsable au même titre que l'aubergiste, chez qui on apporte des effets sans en retirer reçu.

Les compagnies de chemins de fer, ne font en pareille matière, aucune exception à la loi commune ; bien que ne refusant jamais de donner reçu des marchandises qui leur sont remises, il peut cependant arriver qu'aucun agent ne se rencontre sur le quai, au moment où l'expéditeur apporte sa marchandise, qui se trouve ainsi déposée dans les magasins de la compagnie sans avoir cependant été confiée ou remise à aucun de ses agents. Or, entre l'instant où le dépôt a été ainsi fait et le moment où il a été donné reçu des colis, la marchandise peut avoir été endommagée, elle peut même avoir disparu.

Dans ces circonstances si on admettait que la loi exige que la marchandise soit remise et confiée au voiturier, l'expéditeur se trouverait sans aucun recours contre le transporteur pour se faire indemniser des dommages qu'il aurait soufferts. L'équité se refuse à admettre que l'insuffisance du personnel ou la négligence des agents de la compagnie, tourne contre l'expéditeur. C'est donc avec juste raison que la loi a déclaré que le transporteur serait responsable à titre de dépositaire nécessaire.

Nous raisonnerons de même dans l'hypothèse où la marchandise est restée dans les magasins du dernier transporteur, après paiement de la lettre de voiture. Il peut arriver que pressé par les circonstances, le destinataire, après avoir acquitté les frais de transport à l'arrivée n'ait pas pu faire enlever desuite sa marchandise et qu'il soit contraint, même après en avoir donné décharge, à la laisser séjourner quelque temps encore dans les magasins du voiturier.

Si cette marchandise vient à disparaître, ou si elle est avariée, le destinataire sera fondé à réclamer une indemnité au transporteur; il lui suffira de prouver par témoins que la marchandise était restée en dépôt dans les magasins du transporteur. Or, cette preuve n'eût pas été admise, si la loi n'avait pris le soin de déclarer que le voiturier est assimilé à l'aubergiste et tenu de toutes les obligations du dépositaire nécessaire.

Nous concluons donc que les compagnies des chemins de fer en qualité de voituriers, sont responsables de tout ce qui a été apporté dans leurs magasins pour être expédié, du moment où ces dépôts ont eu lieu aux heures réglementaires, pendant lesquelles les gares sont ouvertes pour la réception et la remise des

marchandises ; qu'un agent de la compagnie se soit ou
non présenté pour recevoir et reconnaître ces marchandises, qu'il en ait ou non été donné reçu. Du
moment où le fait matériel du dépôt est prouvé par
témoins, la compagnie est responsable de l'avarie ou
de la perte survenue, sauf le cas de force majeure ou le
vice propre à la chose (art. 1784 du Code civil et 103
du Code de Commerce.) Du reste, l'absence des agents
préposés à la réception des colis, constitue la compagnie en faute.

Il est donc de l'intérêt et du devoir des chemins de
fer de disposer d'un personnel suffisant, pour veiller
sur toutes les choses qui sont déposées dans leurs gares.

Exception à ce principe.

Nous venons d'exposer les principes dans toute
leur rigueur, mais nous devons reconnaître qu'il y a
parfois des circonstances de fait qui peuvent modifier
sensiblement la situation des parties.

Ainsi, par exemple, celui qui en dehors des heures d'ouverture des gares (1), se serait introduit dans

(1) Arrêté ministériel du 12 juin 1866.

Art. 13. — Du 1er avril au 30 septembre, les gares seront
ouvertes pour la réception ou la livraison des marchandises à
petite vitesse, à six heures du matin au plus tard, et fermées, au
plus tôt, à six heures du soir.

Du 1er octobre au 31 mars, elles seront ouvertes à sept heures
du matin au plus tard, et fermées, au plus tôt, à cinq heures du
soir.

Par exception, les dimanches et les jours fériés, les gares des
marchandises à petite vitesse seront fermées à midi, et les livrai-
sons restant à faire avant la fin de la journée seront remises à la
première moitié du jour suivant.

les bâtiments de la compagnie et en présence de témoins autres que des employés de cette compagnie,
aurait déposé des marchandises sur les quais de la
gare, ne devrait pas être admis à revendiquer les
bénéfices des dispositions des art. 1783, 1787 et 1951
du Code civil. Car le fait d'avoir fermé les portes est
une protestation manifeste contre l'intention de recevoir des marchandises et équivaut à un refus formel
de la part de la compagnie, d'accepter un dépôt même
nécessaire. Or, rien dans la loi n'oblige à accepter
contre sa volonté un dépôt nécessaire.

Nous raisonnerons de même à l'égard de celui qui
dépose des marchandises dans une gare contre la volonté du préposé. Si le refus de réception est fondé,
c'est à ses périls et risques que l'expéditeur laissera
ses colis en dépôt; la compagnie n'en sera pas responsable.

La loi, du reste, apporte elle-même un tempéra-
ment à la rigueur de l'art. 1952. Elle décide, en effet,
dans l'art. 1348 du Code civil, qu'il sera fait des
réserves en ce qui concerne la qualité des personnes
et les circonstances du fait.

Si, par exemple, le plaignant et ses témoins, sont
des personnes mal famées.

Ou bien encore, si une personne dont la misère est
notoire vient affirmer avoir déposé une caisse conte-
nant des valeurs considérables. Dans ce cas là, la loi
donne aux tribunaux, un pouvoir appréciateur.

Nous ferons également une exception à l'égard des
choses réclamées qui n'étaient pas de nature à être

expédiées, objets délaissés dans les cours des gares et qui, par conséquent, ne sont soumis à aucune surveillance de la part de la Compagnie.

Nous adopterons la même décision à l'égard des paquets que les voyageurs emportent avec eux, puisqu'ils en conservent la garde, il est juste qu'ils en aient seuls la responsabilité (1). Dans ce cas, s'ils les ont perdus dans les salles d'attente, ou sur les trotoirs dans les gares, les Compagnies ne peuvent pas en être responsables, pourvu que le détournement ne soit pas du fait des employés de la Compagnie, car dans ce cas la Compagnie serait responsable, en vertu de l'art. 1957 du Code civil qui s'exprime ainsi : « Ils

_____

(1) Cour de cassation, 5 février 1873.
La Cour :
Vu l'article 1134 du Code civil ;
Attendu :
Que s'il est vrai de dire que l'ordre public ne permettrait pas à une Compagnie de transport, de stipuler qu'elle demeurerait affranchie de toute responsabilité relativement aux bagages non inscrits des voyageurs même de celle résultant d'une faute lourde ou d'un fait délictueux imputable soit à elle-même soit à ses agents ; il n'en saurait être de même de la clause par laquelle une Compagnie avertit les voyageurs qu'elle ne sera responsable en cas de simple perte de bagages, que de ceux qui auraient été enregistrés sur le registre du navire et qui aurait acquitté le prix du port comme marchandise.

Qu'une telle clause qui met le voyageur dans cette alternative, ou de veiller lui-même à la garde de ses effets ou de se décharger de ce soin sur la Compagnie en lui payant un prix de transport déterminé à l'avance, n'a par elle-même rien d'illicite, ni de contraire à l'ordre public, et qu'en décidant le contraire, le jugement attaqué a méconnu et par suite violé l'article ci-dessus indiqué.

Par ces motifs ;
Casse.

sont responsables du vol ou du dommage des effets du voyageur, soit que le vol ait été fait ou que le dommage ait été causé par les domestiques. » — Et de l'article 1834, ainsi conçu : « On est responsable du dommage qui est causé par les faits des personnes dont on doit répondre. — Les maîtres sont responsables du dommage causé par leur préposé dans les fonctions auxquelles ils les ont employés. » (1).

Dans toutes ces questions où la responsabilité du dépositaire est engagée, on ne devra se décider qu'après avoir examiné les circonstances du fait et la qualité des personnes.

Cette latitude donnée aux juges par la loi, d'examiner les circonstances du fait, explique les contradictions qui existent entre les diverses décisions rendues à propos de cette question.

Formation du contrat du transport.

Nous venons de voir à quel titre le voiturier est dépositaire des objets apportés. Nous devons maintenant examiner comment se forme le contrat de transport.

Pour qu'une marchandise apportée dans une gare soit expédiée à sa destination, il ne suffit pas du fait matériel du dépôt, il y a d'autres formalités à remplir.

Le voiturier a besoin de connaître la nature des objets qu'on lui apporte, la destination de la marchan-

(1) Tribunal civil de la Seine, 17 mai 1850. — Arrêt de la Cour de Paris, 22 novembre 1851.

dise, le nom de l'expéditeur et celui du destinataire, afin de taxer régulièrement le transport au prix du tarif, basé sur la distance à parcourir et la nature de la marchandise, et afin de diriger celle-ci vers sa destination et de la remettre au destinataire, indiqué par l'expéditeur.

Ces renseignements que doit fournir l'expéditeur pourraient-ils être donnés verbalement en présence de témoins? Nous pensons que juridiquement, rien ne s'y oppose, car aucune disposition de la loi n'impose à l'expéditeur l'obligation de faire une déclaration écrite; mais en matière de transport par chemin de fer, les compagnies ayant de nombreux tarifs dont l'application dépend de la nature de la chose transportée, de la direction que l'on veut donner au transport, du mode de vitesse à employer, de certaines conditions de délai et de responsabilité, il importe que l'expéditeur fasse connaître ses intentions très-exactement, et il est indispensable pour cela qu'une déclaration soit faite par écrit, afin de pouvoir la présenter comme garantie au cas de contestation sur l'exécution du transport.

Cette obligation de faire une déclaration écrite résulte, du reste, des conditions générales des tarifs de chemins de fer.

L'expéditeur qui apporte sa marchandise à la gare sera donc tenu de remettre une déclaration écrite énonçant :

1° Le nom et l'adresse de l'expéditeur ;

2° Le nom et l'adresse du destinataire ;

3° Le nombre, le poids, la nature des objets à expédier, leurs numéros, marques et adresse ;

4° La mention à domicile ou en gare ;

5° La mention en port dû ou en port payé ;

6° La somme à faire suivre en débours ou en remboursement.

Enfin cette pièce doit être datée et signée.

La Compagnie, en échange de cette déclaration après examen de l'exactitude des énonciations qu'elle doit contenir et après vérification des colis, délivrera à l'expéditeur une lettre de voiture ou un récépissé, conformément à l'article 50 de l'ordonnance du 15 novembre 1846 et à l'art. 10 de la loi du 15 mai 1863 et 38 mars 1872 (1).

Acceptation de la Marchandise.

Avant de traiter de l'enregistrement de la marchandise ainsi que des clauses et conditions du contrat de transport stipulées dans la lettre de voiture, nous croyons qu'il convient de traiter de l'acceptation et de la vérification des marchandises, opérations qui sont concomittantes à la formation du contrat et qui précèdent naturellement les formalités de l'enregistrement et la délivrance du récépissé.

Les Compagnies de chemin de fer ont-elles ou non le droit de refuser les marchandises qui leur sont apportées pour être expédiées?

Il faut distinguer, si on leur présente des marchandises destinées à une localité qui n'est point sur le

_____

(1) Loi du 30 mars 1872.

parcours de la ligne et pour laquelle elles n'ont pas de service de correspondance établi, les Compagnies sont en droit de refuser de se charger de ce transport.

Mais si, au contraire, la destination se trouve être une des stations de la voie ferrée, les Compagnies ne sauraient à aucun titre refuser ce transport à moins d'invoquer en leur faveur le cas de force majeure.

Les Compagnies sont, en effet, obligées par les clauses de leurs cahiers des charges à effectuer avec soin, exactitude et célérité, et sans tour de faveur, le transport des marchandises, bestiaux et objets de toute nature qui leur seront confiés.

L'art. 50 de l'ordonnance de 1846 contient, du reste, les mêmes dispositions.

Le fait qu'une gare est encombrée ou qu'elle manque de matériel roulant suffisant, ne pourrait-il pas être considéré comme une excuse valable? Nous répondrons, non, si l'encombrement ou l'insuffisance du matériel ne sont pas la conséquence d'un cas de force majeure.

Quid si les objets présentés sont sans valeur ou susceptibles par leur nature d'une détérioration prompte et complète? Dans ce cas, la Compagnie peut se refuser à effectuer le transport si le prix ne lui est pas payé au départ ou si des garanties suffisantes ne lui sont pas données pour assurer le payement des frais de transport.

La Compagnie peut-elle se refuser à effectuer le transport d'une marchandise sous prétexte que cette marchandise n'est pas emballée ou qu'elle est mal emballée?

La question est délicate, et il est difficile de la résoudre en principe.

Les opinions sont partagées sur ce point de droit ; à notre avis, il n'y a là qu'une question de fait à examiner, en cas de désaccord elle doit être soumise à des experts qui décideront si l'emballage est nécessaire ou non, s'il est ou non suffisant pour préserver les colis des accidents normaux du transport.

Quant aux marchandises qui, par leur nature, sont soumises à l'exercice des droits indirects, la compagnie est fondée à refuser le transport de ces colis si les pièces de régie ou de douane, congés, acquits à caution ou passavant, n'accompagnent pas la marchandise ; attendu que les contraventions, en matière de régie, donnent lieu à des poursuites dirigées contre celui qui détient la marchandise objet de la contravention (1).

Vérification de la marchandise au départ.

Après avoir consenti à se charger du transport, mais avant d'avoir donné reçu des colis par la remise du récépissé ou d'une lettre de voiture, le voiturier doit, dans son intérêt, procéder à la vérification minutieuse des marchandises qui lui sont remises, car, après la réception des colis, sa responsabilité sera engagée de la manière la plus complète (2).

La reconnaissance de la marchandise est une des

(1) Loi du 28 avril 1816.
(2) Cour de cassation, 20 mai 1818. — Cour d'appel de Paris, 16 août 1853.

opérations les plus délicates, nous nous bornerons à dire, pour le moment, que le voiturier a le droit, avant de se charger du transport d'une marchandise, d'exiger l'ouverture des caisses, sacs, balles ou ballots, de manière à pouvoir vérifier tant l'intérieur que l'extérieur des colis. Ceci résulte des articles 1783 du Code civil, et 103 du Code de commerce, déclarant que le voiturier est responsable des avaries, sans faire de distinction entre les avaries intérieures et les avaries extérieures.

Il arrive que des expéditeurs ne déclarent pas la véritable nature des objets remis, afin de payer des prix de transport moins élevés que ceux du tarif qui serait appliqué si la nature réelle de la marchandise était déclarée.

Une jurisprudence constante, se basant sur les articles 1382 et 1784 du Code Civil, a décidé que les fausses déclarations des expéditeurs ne constituaient ni un délit, ni une contravention, mais un simple dol pouvant donner lieu à des dommages-intérêts au profit de la compagnie lésée (1).

Il est un cas cependant où la fausse déclaration constitue une infraction aux règlements. Lorsqu'il s'agit par exemple de matières dangereuses pour lesquelles des précautions spéciales doivent être prises.

Une fausse déclaration de la part des expéditeurs constituerait, dans ce cas, une contravention formelle, en vertu de l'arrêté ministériel du 15 juillet 1863, et de l'article 66 de l'ordonnance du 15 novembre 1846.

(1) Cour d'appel de Paris, 10 avril et 18 août 1854.

Dans ce cas, les tribunaux peuvent appliquer l'article 21 de la loi de 1845 qui s'exprime ainsi : « Toute « contravention aux ordonnances royales portant règle- « ment d'administration publique sur la police, la « sûreté et l'exploitation du chemin de fer. ... sera « punie d'une amende de 16 à 3,000 francs.

« En cas de récidive dans l'année, l'amende sera « portée au double, et le tribunal pourra, selon les « circonstances, prononcer en outre un emprisonne- « ment de trois jours à un mois. »

De la preuve du contrat de transport.

Le contrat de transport intervenu entre une Compagnie et un expéditeur étant un acte de commerce, devra pouvoir se prouver par tous les moyens de preuve énoncés dans l'art. 109 du Code de Commerce, c'est-à-dire, par la preuve littérale et par la preuve testimoniale (1).

Cette dernière ne devra être admise que lorsque l'expéditeur n'aura pas pu se faire donner un reçu ou lorsqu'il l'aura égaré ; ce mode de preuve sera donc rarement employé.

La preuve littérale résultera de la production de de la lettre de voiture ou du récépissé qui aura été délivré à l'expéditeur, ou même encore de l'inscription faite sur les registres du voiturier, conformément aux dispositions de l'art. 1785 du Code Civil et 96 du Code de Commerce.

Les art. 101 et 102 du Code de Com. relatifs à la

(1) Cour de cassation, 30 décembre 1857 ; 18 juin 1833.

lettre de voiture, ne disent pas qu'elle sera établie en autant d'exemplaires qu'il y aura de parties contractantes.

Dans tous les cas et quoi qu'il en soit, la loi du 13 mai 1863 est venue heureusement combler ce que nous pourrions appeler une lacune en faisant application aux aux transporteurs de l'art. 1325 du C. Civil.

L'art. 10 de la loi du 13 mai de 1863 est ainsi conçu :

« A partir du 1er juillet prochain, est réduit à « 20 cent. le droit de timbre des récépissés que les « Compagnies de chemins de fer sont tenues de remet- « tre aux expéditeurs lorsque ces derniers ne deman- « dent pas de lettre de voiture.

« Le récépissé énoncera la nature, le poids et la « désignation des colis, le nom et l'adresse du destina- « taire, le prix total du transport et le délai dans « lequel ce transport devra être effectué.

« Un double du récépissé accompagnera l'expédi- « tion et sera remis au destinataire.

« Toute expédition non accompagnée d'une lettre « de voiture doit être constatée sur un registre à sou- « che, timbré sur la souche et sur le talon, à peine « d'une amende de 50 fr. »

Du reste, les cahiers des charges des Compagnies contiennent une disposition ainsi conçue : « Toute « expédition de marchandise sera constatée, si l'expé- « diteur le demande, par une lettre de voiture, dont « un exemplaire restera aux mains de la Compagnie, « et l'autre aux mains de l'expéditeur.

« Dans le cas où l'expéditeur ne demanderait pas

« do lettre de voiture, la Compagnie sera tenue de lui
« délivrer un récépissé. »

Ainsi, d'après les cahiers des charges des chemins
de fer et d'après les dispositions de la loi du 15 mai
1863, le contrat de transport intervenu entre une
Compagnie de chemin de fer et un expéditeur, sera
prouvé par un récépissé fait en double.

C'est là certainement une innovation, car ainsi que
nous l'avons dit plus haut, le Code de Commerce
n'avait pas établi pour la preuve du contrat de transport d'autres règles que celles qui sont renfermées
dans les dispositions de son art. 109.

Obligation pour le voiturier de tenir un livre-journal.

L'article 1785 du Code Civil oblige les entrepreneurs de voiture publique et de roulage à tenir registre
de l'argent, des effets et des paquets dont ils se chargent. L'article 96 du Code de Commerce stipule, de
son côté, que le commissionnaire de transport est tenu
d'inscrire sur son livre-journal la déclaration de la
nature et de la quantité des marchandises, et s'il en
est requis, de leur valeur.

Ces recommandations faites par la loi sont bien précises, bien explicites ; il semblait que ces obligations
imposées par la loi civile et la loi commerciale aux
transporteurs, pouvaient être applicables aux chemins
de fer sans qu'il fût nécessaire d'entourer ces formalités de nouvelles précautions.

Les rédacteurs de l'ordonnance du 15 novembre

1846 ne l'ont pas jugé de même. L'article 50 de cette ordonnance est ainsi conçu : « La compagnie est tenue « d'effectuer avec soin, exactitude et célérité, et sans « tour de faveur, les transports des marchandises, « bestiaux et objets de toute nature, qui lui seront « confiés.

« Au fur et à mesure que des colis, des bestiaux « ou des objets quelconques arriveront au chemin de « fer, enregistrement en sera fait immédiatement, avec « mention du prix total dû pour le transport...... »

L'article 49 du cahier des charges s'exprime à peu près dans les mêmes termes : « Les colis, bestiaux et « objets quelconques seront inscrits, à la gare d'où ils « partent et à la gare où ils arrivent, sur des registres « spéciaux, au fur et à mesure de leur réception ; « mention sera faite, sur le registre de la gare de dé- « part, du prix total dû pour le transport. »

Il résulte des dispositions des articles précités que les compagnies de chemins de fer sont soumises, en ce qui concerne l'inscription ou l'enregistrement des marchandises, à des formalités beaucoup plus strictes que celles qui sont imposées aux autres transporteurs. L'inscription doit avoir lieu dès la réception, au fur et à mesure des remises et sans tour de faveur.

Si elles contrevenaient à ces règlements les compagnies pourraient être poursuivies et punies conformément aux dispositions de l'article 21 de la loi de 1845 cité plus haut.

Nous voyons que toutes les garanties de sécurité possible ont été données aux expéditeurs, pour leur permettre, dans le cas où ils auraient égaré le reçu qui

a dû leur être délivré, de retrouver une preuve littérale de la remise des effets confiés au transporteur.

La sanction de ces obligations est en outre garantie
par une loi pénale, sans préjudice des dommages-intérêts qui pourraient être dus aux parties lésées en vertu
du principe général inscrit dans l'article 1382 du Code
Civil.

De la lettre de voiture.

La lettre de voiture est destinée à constater les termes
du contrat intervenu entre l'expéditeur et le voiturier.

D'après l'article 102 du Code de Commerce elle doit :
« Être datée. — Elle doit exprimer — la nature et le
« poids ou la contenance des objets à transporter, —
« le délai dans lequel le transport doit être effectué. —
« Elle indique — le nom et le domicile du commis-
« sionnaire par l'entremise duquel le transport s'opère,
« s'il y en a un, — le nom de celui à qui la marchan-
« dise est adressée, — le nom et le domicile du voi-
« turier. — Elle énonce le prix de la voiture, — l'in-
« demnité due pour cause de retard. — Elle est signée
« par l'expéditeur ou le commissionnaire. — Elle pré-
« sente en marge les marques et numéros des objets à
« transporter. — La lettre de voiture est copiée par le
« commissionnaire sur un registre coté et paraphé,
« sans intervalle et de suite. »

Les clauses les plus importantes du contrat de transport, énoncées dans la lettre de voiture sont : Le délai
de transport, — l'indemnité due pour cause de retard
et le prix de la voiture.

Nous examinerons successivement ces trois questions en nous plaçant au point de vue des transports effectués par chemin de fer.

Délai dans lequel le transport doit être effectué.

Les compagnies de chemin de fer ne sont pas libres comme les autres transporteurs de modifier à leur gré les délais de transport, elles sont assujetties, par l'arrêté du 12 juin 1866, à un délai fixe basé sur la distance kilométrique, elles ne peuvent pas à leur gré restreindre ou étendre ces délais.

Nous pensons, cependant, que les délais fixés par l'arrêté ministériel doivent être reproduits sur le récépissé, afin que l'expéditeur soit ainsi fixé sur la date probable de l'arrivée de sa marchandise à destination. La connaissance de ces délais est également nécessaire au destinataire pour contrôler la durée du transport, afin de savoir si la compagnie est ou non en retard et si, par conséquent, il est fondé à formuler une demande d'indemnité pour cause de livraison tardive.

Un usage constant pourrait-il être invoqué comme modifiant les délais ministériels?

Par exemple un expéditeur qui aurait toujours reçu ses envois dans délais moindres que ceux qui sont fixés dans l'arrêté ministériel du 12 juin 1866, serait-il fondé, se basant sur un usage constant adopté pour le transport de ses marchandises, à réclamer à la compagnie une indemnité pour retard, si l'un de ses envois était arrivé avec moins de célérité que d'habitude,

mais, cependant, avant l'expiration des délais légaux (1)?

(1) Arrêté ministériel du 12 juin 1866.

Le Ministre..... des travaux publics,

Vu les lois, décrets et ordonnances, portant concession des
chemins de fer; ensemble les cahiers des charges y annexés.

Vu l'art. 50 de l'ordonnance règlementaire du 15 novembre
1846.

Vu l'arrêté ministériel du 15 avril 1859, réglant les délais
d'expéditions de transport et de livraison des animaux, denrées,
marchandises et objets quelconques, sur les voies ferrées;

Les Compagnies entendues.....

ARTICLE PREMIER. — Les animaux, denrées, marchandises et
objets quelconques remis aux chemins de fer seront expédiés,
transportés et livrés de gare en gare, sur chaque réseau, dans les
délais résultant des conditions ci-après exprimées :

GRANDE VITESSE

ART. 2. — Les animaux, denrées, marchandises et objets quelconques, à grande vitesse, seront expédiés par le premier train
de voyageurs comprenant des voitures de toutes classes et correspondant avec leur destination, pourvu qu'ils aient été présentés
à l'enregistrement trois heures avant l'heure règlementaire du
départ de ce train; faute de quoi ils seront remis au départ
suivant.

Les Compagnies pourront être autorisées, sur leur demande, à
admettre les petits colis dans les trains express ou poste, sauf à
appliquer le même traitement à tous les expéditeurs placés dans
les mêmes conditions. Les autorisations précédemment accordées
sont maintenues.

ART. 3. — Pour les animaux, denrées, marchandises et objets
quelconques, passant d'un réseau sur un autre sans solution de
continuité, le délai de transmission sera de trois heures à compter
de l'arrivée du train qui les aura apportées au point de jonction,
et l'expédition, à partir de ce point, aura lieu par le premier train
de voyageurs comprenant des voitures de toute classe dont le
départ suivra l'expiration de ce délai.

Le délai de transmission entre les réseaux qui, aboutissant
dans une même localité, n'auraient pas de gare commune, sera
porté à huit heures, non compris le temps pendant lequel les

3.

La jurisprudence de la cour suprême a varié à cet égard ; elle avait primitivement admis qu'il était

gares sont fermées, conformément aux deuxième et troisième paragraphes de l'art. 5 ci-dessous, et il sera de la même durée entre les diverses gares de Paris formant tête de ligne, jusqu'à ce que le service de la grande vitesse entre lesdites gares ait été organisé sur le chemin de fer de ceinture, le surplus des conditions énoncées au paragraphe premier du présent article restant applicable dans ces derniers cas.

ART. 4. — Les expéditions seront mises à la disposition des destinataires, à la gare deux heures après l'arrivée du train mentionné aux art. 2 et 3.

ART. 5. — Les expéditions arrivant de nuit ne seront mises à la disposition des destinataires que deux heures après l'ouverture de la gare.

Du 1er avril au 30 septembre, les gares seront ouvertes pour la réception et la livraison des marchandises à grande vitesse, à six heures du matin au plus tard, et fermées, au plus tôt, à huit heures du soir.

Du 1er octobre au 31 mars, elles seront ouvertes à sept heures du matin au plus tard, et fermées, au plus tôt, à huit heures du soir.

Les dispositions des trois paragraphes qui précèdent ne sont pas applicables au lait, aux fruits, à la volaille, à la marée et autres denrées destinées à l'approvisionnement des marchés de la ville de Paris et des autres villes, qui seront ultérieurement désignées par l'administration supérieure, les Compagnies entendues.

Ces marchandises seront mises à la disposition des destinataires, de nuit, comme de jour, dans le délai fixé à l'art. 4.

PETITE VITESSE

ART. 6. — Les animaux, denrées, marchandises et objets quelconques à petite vitesse, seront expédiés dans le jour qui suivra celui de la remise.

ART. 7. — La durée du trajet, pour les transports à petite vitesse, sera calculée à raison de vingt-quatre heures par fraction indivisible de 125 kilomètres. Ne seront pas comptés les excédants de distance jusques et y compris 25 kilomètres ; ainsi

permis aux Compagnies de stipuler des délais plus courts que ceux qui sont énoncés dans l'arrêté minis-

150 kilomètres compteront comme 125, 275 comme 250 kilom.

Art. 8. — Sur les lignes ou sections de réseau désignées, à la suite du présent paragraphe et dans les deux sens, tant pour les parcours partiels que pour le parcours total, la durée du trajet sera réduite à vingt-quatre heures par fraction indivisible de 200 kilomètres, pour les animaux, ainsi que pour les marchandises taxées aux prix de la première et de la deuxième série des tarifs généraux de chaque Compagnie, et, en général, pour toutes les marchandises, denrées et objets quelconques, qui rangés dans les séries inférieures seraient taxés au prix de la deuxième série sur la demande des expéditeurs. . . . .
. . . .

Pour les animaux et les marchandises qui emprunteraient successivement des lignes sur lesquelles ils auraient droit à l'accélération de vitesse et d'autres sur lesquelles ils n'y auraient pas droit, le délai total du transport sera calculé en additionnant les délais partiels afférents à chacune des lignes de régime différent, sans que toutefois ce délai total puisse dépasser le délai fixé par l'art. 7.

Art. 9. — Pour les animaux, denrées, marchandises et objets quelconques passant d'un réseau sur un autre sans solution de continuité, le délai d'expédition fixé à l'art. 6 ne sera compté qu'à la gare originaire et une seule fois; mais il est accordé aux Compagnies un jour de délai pour la transmission d'un réseau à l'autre, la durée du trajet, restant fixée, pour chaque Compagnie comme il est dit aux art. 7 et 8.

Toutefois, à Paris, pour la transmission d'une gare à l'autre par le chemin de ceinture, le délai sera de deux jours; mais il comprendra la durée du trajet sur ledit chemin.

Le délai de transmission entre les réseaux qui, aboutissant dans une même localité, n'auraient pas de gare commune, sera porté à trois jours; le surplus des conditions énoncées au paragraphe premier du présent article restant applicable dans ce dernier cas.

Art. 10. — Les expéditions seront mises à la disposition des destinataires dans le jour qui suivra celui de leur arrivée effective en gare.

tériel précité (1), déclarant que les délais légaux ont été établis dans l'intérêt des Compagnies, mais qu'il leur est permis d'y déroger en prenant vis-à-vis de l'expéditeur l'engagement d'expédier ses marchandises dans un plus court délai que celui qui est fixé dans l'arrêté ministériel du 12 juin 1866 (2).

On en concluait que l'inexécution de l'engagement pris par la Compagnie dans cette circonstance pouvait, s'il en était résulté un préjudice pour l'expéditeur, rendre la Compagnie responsable de dommages intérêts envers celui-ci.

Des arrêts plus récents de la cour de cassation prouvent qu'elle a complètement changé d'opinion sur cette question ; elle vient, en effet, de décider tout récemment, et depuis cette époque (21 février 1870), sa jurisprudence est constante à cet égard que : l'engagement pris par une Compagnie vis-à-vis d'un expéditeur de rendre ses marchandises à destination dans un délai plus court que les délais légaux n'est pas valable.

Une telle convention soit tacite, soit expresse, dit l'arrêt, ne saurait prévaloir sur le principe d'égalité qui domine la réglementation des transports des mar-

ART. 11. — Le délai total résultant des art. 6, 7, 8, 9 et 10, sera seul obligatoire pour les Compagnies.

ART. 12. — La fixation des délais ci-dessus mentionnés ne fait pas obstacle à la fixation de délais plus longs dans les tarifs spéciaux ou communs, où ils ont été ou seraient ultérieurement introduits, avec l'approbation de l'administration supérieure, comme compensation d'une réduction de prix.

(1) Cour de cassation, 31 juillet 1857.
(2) Cour de cassation, 30 décembre 1857.

chandises par la voie ferrée ; elle est illicite comme
constituant un traité particulier et de faveur (1), les
Compagnies de chemins de fer ne pouvant être autorisées à accorder à certains expéditeurs des avantages
qu'elles seraient en droit de refuser à d'autres (2).

Il nous reste à examiner, à propos des délais de
transport, si le récépissé doit énoncer, comme l'exige
l'art. 102 du Code de Commerce pour la lettre de voiture, l'indemnité due en cas de retard. Enfin, pour
épuiser la question, nous rechercherons quelles doivent être les bases de l'indemnité dues en cas de
retard.

De l'indemnité due en cas de retard.

Le récépissé délivré par les Compagnies à l'expéditeur doit-il énoncer, comme l'exige l'art. 102 du Code
de Commerce, l'indemnité due en cas de retard.

Cette question, très-importante au point de vue de
la pratique, est encore aujourd'hui controversée.

Le rapporteur de la commission d'enquête ordonnée
par arrêté ministériel de 1861, s'exprime ainsi à cet
égard :

« Il est une autre question, depuis longtemps en
« suspens, qui appelle une solution. C'est celle des
« indemnités à fixer en cas de retard dans la livraison
« des marchandises.

« La commission est d'avis que le récépissé devrait

(1) Art. 48 du cahier des charges.
(2) Cour de cassation, 21 août 1871 et 16 juillet 1872.

« toujours mentionner une retenue pour le cas de
« retard, et que cette retenue devrait varier suivant la
« durée du retard du dixième au tiers, indépendam-
« ment des dommages-intérêts, dans le cas où le pré-
« judice serait plus considérable. »

La Cour de cassation, au contraire, statuant sur
cette question, a décidé (1) que les cours d'appel de
Colmar, Paris et Besançon en jugeant que les Compagnies sont tenues d'accepter dans une lettre de voiture
la clause pénale ou fixation à forfait d'une indemnité
du tiers de prix de transport en cas de retard, sous le
prétexte d'un usage généralement admis en matière de
transport, ont fait une fausse application des art. 101
et 102 du Code de Commerce, et par suite, violé tant
ces mêmes articles que l'art. 1108 du Code Civil.

A une date plus récente encore la Cour suprême a
décidé (2) que les légers retards qui n'ont causé aucun
préjudice au destinataire, ne lui donnent droit à aucune réduction sur le prix de transport, ni à des dommages-intérêts.

Nous hésitons, pour notre part, à émettre notre
opinion d'une manière formelle, soit en nous pronon-
çant pour les conclusions du rapport de la Commission
d'enquête de 1861-62, soit en approuvant sans restriction la jurisprudence de la Cour suprême.

Nous inclinons à penser qu'il ne peut pas être dû
d'indemnité fixée à l'avance et à forfait, qu'elle doit
varier, et que pour apprécier le dommage, on doit

(1) Cour de cassation, 29 janvier 1862.
(2) Cour de cassation, 8 août 1867.

prendre en considération le nombre de jours de retard, la nature et la valeur de la chose transportée.

A ceux qui prétendent, que l'indemnité fixée à l'avance et due par le seul fait du retard, qu'il y ait ou non préjudice causé, a l'avantage de servir de stimulant pour accélérer le transport, nous ferons observer qu'un stimulant bien plus puissant est inscrit dans la loi de 1845, puisque cette loi, dans son art. 21, prononce une peine contre la Compagnie qui a contrevenu aux ordonnances et règlements d'administration publique sur l'exploitation des chemins de fer (1).

Du reste, l'absence de fixation d'indemnité dans la lettre de voiture ou le récépissé, ne peut dans tous les cas causer aucun préjudice aux particuliers qui restent toujours libres de réclamer la réparation du préjudice éprouvé soit par la voie amiable, soit par la voie judiciaire.

Quelle base devra-t-on adopter pour déterminer le *quantum* de l'indemnité due.

On devra, pour l'évaluation des dommages, prendre en considération les art. 1149, 1150 et 1151 du Code Civil ; ils s'expriment ainsi :

Art. 1149. Les dommages et intérêts dus au créancier sont, en général, de la perte qu'il a faite et du gain dont il a été privé, sauf les exceptions et les modifications ci-après.

Art. 1150. Le débiteur n'est tenu que des dommages et intérêts qui ont été prévus ou qu'on a pu

(1) Cour de cassation, 23 juin 1854.

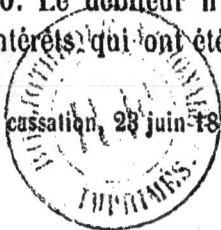

prévoir lors du contrat, lorsque ce n'est point par son dol que l'obligation n'est point exécutée.

Art. 1151. Dans le cas même où l'inexécution de la convention résulte du dol du débiteur, les dommages et intérêts ne doivent comprendre, à l'égard de la perte éprouvée par le créancier et du gain dont il a été privé, que ce qui est une suite immédiate et directe de l'inexécution de la convention.

Les art. 1149, 1150 et 1151 du Code Civil que nous venons de citer, ont soulevé dans la doctrine et dans la pratique de graves controverses.

Aux demandes d'indemnité exagérée adressées aux compagnies par les destinataires qui invoquaient l'article 1149 pour réclamer des sommes considérables à titre de gain perdu, les compagnies opposaient les dispositions de l'art. 1150 déclarant que lors de la formation du contrat elles n'avaient pu prévoir comme dommage, dans le cas d'inexécution des conventions, que la pénalité d'usage, c'est-à-dire la retenue d'une partie du transport.

Entre l'offre et la demande il existait un écart considérable; des espèces nombreuses ont été soumises aux tribunaux qui ont diversement apprécié les droits des parties.

En résumé, le débiteur de bonne foi est responsable du dommage prévu, tandis que le débiteur de mauvaise foi est tenu même du dommage qu'il n'avait pu prévoir; mais ni l'un ni l'autre ne sont, en aucun cas, responsables des dommages indirects.

Des tribunaux ont admis le laissé pour compte à titre d'indemnité pour retard sans préjudice de dom-

mages-intérêts. Le laissé pour compte est certainement
le parti extrême et la pénalité la plus grande que
puisse subir le voiturier, puisque d'une part il perd
le prix du transport, et que de plus restant détenteur
de la marchandise, il est obligé dé s'en défaire pour
son propre compte et toujours dans des conditions
très-désavantageuses, parce qu'il n'est pas négociant,
et que le voyant embarrassé de ces marchandises
l'acheteur en profite, fait des offres très-réduites et
tâche ainsi d'obtenir les choses à vil prix.

Nous ne considérons le laisser pour compte comme
justifié, que lorsque par suite d'un retard considérable, la marchandise est devenue impropre à l'usage
auquel elle était primitivement destinée (1).

De la fin de non-recevoir que peut légitimement invoquer le voiturier en cas de retard.

L'art. 97 du Code de Commerce décide, que le voiturier est garant de l'arrivée des marchandises et effets
dans le délai déterminé par la lettre de voiture, hors
le cas de force majeure légalement constaté.

On entend par cas fortuit ou de force majeure,
tout événement subit et imprévu qu'il n'est pas au

(1) La Cour d'appel d'Aix, dans un arrêt en date du 21 août
1872, a décidé qu'une Compagnie de chemin de fer ne pouvait
pas être condamnée, par suite de retard, à garder pour son
compte des marchandises, attendu que le destinataire faisant le
commerce de ces marchandises, trouvera toujours le moyen de
s'en débarrasser, mais qu'il lui est dû des dommages-intérêts.

pouvoir de l'homme d'empêcher ou de surmonter, par exemple la foudre, l'inondation, une armée ennemie.

C'est au voiturier à faire la preuve du cas de force majeure ; ce principe résulte de la combinaison des art. 1782, 1784 du Code Civil ; 98, 99, 103 et 104 du Code de Commerce. En effet, la loi établit contre le transporteur une présomption qui ne tombe que devant la preuve contraire. La jurisprudence a d'ailleurs consacré ce point de droit d'une manière formelle (1).

Le voiturier n'est pas dans tous les cas admis à invoquer le bénéfice du cas de force majeure, il faut pour cela qu'il n'ait rien à se reprocher dans l'exécution du contrat ; car si l'expéditeur venait à faire la preuve d'une faute imputable au voiturier, et s'il existait une relation entre la faute et le retard éprouvé, le voiturier serait rendu responsable du retard malgré le cas de force majeure.

C'est au voiturier à faire la preuve de la force majeure et à l'expéditeur à prouver la faute du voiturier. (Art. 1315, Code Civil.)

La force majeure doit être légalement constatée, dit l'art. 97 du Code de Commerce. La jurisprudence du Châtelet de Paris voulait que les sinistres fussent constatés par procès-verbal : « Dans le lieu le plus pro-« chain de l'endroit du naufrage ou de celui où l'acci-« dent de force majeure était arrivé. (Bourjon). » Rien dans la loi ne prescrit une semblable mesure ;

(1) Cour de cassation, 20 août 1858.

malgré cela, en pratique on doit suivre cet usage.
La déclaration du juge de paix, du maire, de notables,
témoins du fait, suffit pour que la constatation ait
un caractère légal. Cette déclaration devra être, bien
entendu, rédigée sur papier timbré (1).

Du prix de transport.

Nous venons d'étudier la question des délais de
transport et de l'indemnité due au cas de retard ; il
nous reste à parler du prix de la voiture comme formant l'une des conditions les plus importantes du
contrat de transport.

Aux termes de l'art. 102 du Code de Commerce et
de l'art. 10 de la loi du 15 mai 1863, la lettre de
voiture ou le récépissé, doivent indiquer le prix total
dû pour le transport.

Les compagnies de chemin de fer étant régies par
des cahiers des charges et des arrêtés ministériels qui
fixent les prix à percevoir, le public n'est plus ici
placé sous l'empire du droit commun en matière de
transport puisqu'il ne peut pas débattre librement
avec le voiturier les conditions du contrat.

L'art. 44 de l'ordonnance de 1846 s'exprime ainsi :
« Aucune taxe, de quelque nature qu'elle soit, ne

(1) La Cour d'appel de Paris, dans son arrêt du 12 février 1873,
sans s'arrêter aux reproches faits à la Compagnie de chemin de fer
de n'avoir pas fait rétrograder les marchandises vers le point d'expédition, a admis la force majeure dans le cas de marchandises
qui n'étaient pas arrivées à destination ayant été prises par l'ennemi.

pourra être perçue par les compagnies qu'en vertu d'une homologation ministérielle. »

L'ordonnance de 1846 et les cahiers des charges des compagnies sont des actes législatifs, ainsi donc les conditions du tarif approuvé par le gouvernement fait la loi entre l'expéditeur et la compagnie et il n'est pas permis d'y déroger. (Cour de Cassation, 31 décembre 1866.)

Toutefois, si les expéditeurs ne peuvent pas discuter les prix des tarifs, ils peuvent souvent faire choix du tarif sous l'empire duquel ils veulent faire voyager leurs marchandises.

Les cahiers des charges des concessions ne peuvent et ne doivent fixer que des prix élémentaires, des prix limites, les compagnies peuvent abaisser au-dessous du maximum autorisé les taxes qu'elles demandent au public.

Mais aucune taxe ne peut être perçue qu'en vertu d'un acte de l'autorité supérieure. (1)

Il résulte, en effet, de l'article 48 du cahier des charges (2), qu'une compagnie, lorsqu'elle le juge convenable, peut abaisser au-dessous des limites déterminées par le tarif, les taxes qu'elle est autorisée à percevoir. Toutefois ces prix modifiés devront être homologués par l'administration supérieure.

---

(1) Rapport sur l'ordonnance de 1848.
(2) Art. 48 du cahier des charges : Dans le cas où la Compagnie jugerait convenable, soit pour le parcours total, soit pour les parcours partiels de la voie de fer, d'abaisser avec ou sans conditions, au-dessous des limites déterminées par le tarif, les taxes qu'elle est autorisée à percevoir.....

En dehors de ces conditions, une compagnie n'est pas libre d'élever ou d'abaisser à son gré les prix de ses tarifs.

Les compagnies peuvent donc avoir des tarifs généraux et des tarifs réduits.

Cahier des charges (art. 42).

TARIF

1° PAR TÊTE ET PAR KILOMÈTRE

Grande vitesse.

		PRIX		
		de péage.	de transport.	Totaux.
		fr. c.	fr. c.	fr. c.
Voyageurs..	Voitures couvertes, garnies et fermées à glaces (1re classe).........	0 067	0 033	0 10
	Voitures couvertes, fermées à glaces, et à banquettes rembourrées (2e classe).........	0 05	0 025	0 075
	Voitures couvertes et fermées à vitres (3e classe).	0 037	0 018	0 055
Enfants...	Au-dessous de trois ans, les enfants ne payent rien, à la condition d'être portés sur les genoux des personnes qui les accompagnent. De trois à sept ans, ils payent demi-place et ont droit à une place distincte; toutefois, dans un même compartiment, deux enfants ne pourront occuper que la place d'un voyageur. Au-dessus de sept ans ils payent place entière.			
Chiens transportés dans les trains de voyageurs.............. (Sans que la perception puisse être inférieure à 0f 30e.)		0 010	0 005	0 015

	PRIX		
	de péage.	de transport.	Totaux.
	fr. c.	fr. c.	fr. c.

Petite vitesse.

Bœufs, vaches, taureaux, chevaux, mulets, bêtes de trait.......... 0 07 | 0 03 | 0 10

Veaux et porcs............ 0 025 | 0 015 | 0 04

Moutons, brebis, agneaux, chèvres... 0 01 | 0 01 | 0 02

(Lorsque les animaux ci-dessus dénommés seront, sur la demande des expéditeurs, transportés à la vitesse des trains de voyageurs, les prix seront doublés.)

2° PAR TONNE ET PAR KILOMÈTRE

—

Marchandises transportées à grande vitesse.

Huîtres, poissons frais, denrées, excédants de bagages et marchandises de toute classe transportées à la vitesse des trains de voyageurs....... 0 20 | 0 16 | 0 36

Marchandises transportées à petite vitesse.

Première classe. — Spiritueux, huiles, bois de menuiserie, de teinture et autres bois exotiques, produits chimiques non dénommés, œufs, viande fraîche, gibier, sucre, café, drogues, épiceries, tissus, denrées coloniales, objets manufacturés, armes..... 0 09 | 0 07 | 0 16

Deuxième classe. — Blés, grains, farines, légumes farineux, riz, maïs, châtaignes et autres denrées alimentaires non dénommées, chaux et plâtre, charbon de bois, bois à brûler dit *de corde,* perches, chevrons, planches, madriers, bois de charpente, marbre en bloc, albâtre, bitumes, cotons, laines, vins, vinaigres, boissons, bière, levure sèche, coke, fers, cuivres, plomb et autres métaux ouvrés ou non, fontes moulées..... 0 08 | 0 06 | 0 14

	PRIX		
	de péage.	de transport.	Totaux.
	fr. c.	fr. c.	fr. c.

Troisième classe. — Houille, marne, cendres, fumiers et engrais, pierres à chaux et à plâtre, pavés et matériaux pour la construction et la réparation des routes, pierres de taille et produits de carrières, minerais de fer et autres, fonte brute, sel, moellons, meulières, cailloux, sable, argiles, briques, ardoises. . . . .

	de péage	de transport	Totaux
Houille, etc.	0 06	0 04	0 10

3° VOITURES ET MATÉRIEL ROULANT TRANSPORTÉS A PETITE VITESSE

Par pièce et par kilomètre.

	de péage	de transport	Totaux
Waggon ou chariot pouvant porter de 3 à 6 tonnes..	0 09	0 06	0 15
Waggon ou chariot pouvant porter plus de 6 tonnes.	0 12	0 08	0 20
Locomotive pesant de 12 à 18 tonnes (ne traînant pas de convoi)..	1 80	1 20	3 00
Locomotive pesant plus de 18 tonnes (ne traînant pas de convoi)..	2 25	1 50	3 75
Tender de 7 à 10 tonnes..	0 90	0 60	1 50
Tender de plus de 10 tonnes..	1 35	0 90	2 25

Les machines locomotives seront considérées comme ne traînant pas de convoi, lorsque le convoi remorqué, soit de voyageurs, soit de marchandises, ne comportera pas un péage au moins égal à celui qui serait perçu sur la locomotive avec son tender marchant sans rien traîner.

Le prix à payer pour un waggon chargé ne pourra jamais être inférieur à celui qui serait dû pour un waggon marchant à vide.

	de péage	de transport	Totaux
Voitures à deux ou quatre roues, à un fond et à une seule banquette dans l'intérieur	0 15	0 10	0 25
Voitures à quatre roues, à deux fonds et à deux banquettes dans l'intérieur, omnibus, diligences, etc..	0 18	0 14	0 32

	PRIX		
	de péage.	de transport.	Totaux.
	fr. c.	fr. c.	fr. c.

Lorsque, sur la demande des expéditeurs, les transports auront lieu à la vitesse des trains de voyageurs, les prix ci-dessus seront doublés.

Dans ce cas, deux personnes pourront, sans supplément de prix, voyager dans les voitures à une banquette, et trois dans les voitures à deux banquettes, omnibus, diligences, etc.; les voyageurs excédant ce nombre payeront le prix des places de 2e classe.

	de péage	de transport	Totaux
Voitures de déménagement à deux ou à quatre roues, à vide.	0 12	0 08	0 20
Ces voitures, lorsqu'elles seront chargées, payeront en sus des prix ci-dessus, par tonne de chargement et par kilomètre.	0 08	0 06	0 14

4° SERVICE DES POMPES FUNÈBRES ET TRANSPORT DES CERCUEILS

Grande vitesse.

	de péage	de transport	Totaux
Une voiture des pompes funèbres, renfermant un ou plusieurs cercueils, sera transportée aux mêmes prix et conditions qu'une voiture à quatre roues, à deux fonds et à deux banquettes.	0 36	0 28	0 64
Chaque cercueil confié à l'administration du chemin de fer sera transporté, dans un compartiment isolé, au prix de..	0 18	0 12	0 30
Transporté par train express, dans une voiture spéciale, le prix sera de. . .	0 60	0 40	1 00

Tarifs généraux.

On nomme ainsi ceux qui sont applicables d'office, sans que l'expéditeur ait besoin d'en faire la demande expresse sur sa déclaration.

Ces tarifs sont déterminés par l'article 42 du cahier des charges, qui fixe les prix maximum.

L'engagement même écrit qu'une compagnie aurait pris vis-à-vis d'un industriel, de transporter ses marchandises à un prix autre que celui des tarifs homologués, ne serait pas valable; dans ce cas, on devra décider que le prix indiqué a été donné par erreur. (Cour de Cassation, 17 août 1864.)

Il en serait de même si une compagnie avait, par erreur, appliqué le tarif spécial, sans qu'il ait été revendiqué sur la déclaration, au lieu du tarif général.

Dans le cas où la compagnie, reconnaissant sa première erreur, taxerait les expéditions suivantes au tarif général, le destinataire ne serait pas fondé à demander la rectification de la taxe des dernières expéditions, invoquant la taxe précédemment appliquée aux expéditions de même nature.

La Cour suprême, dans son arrêt en date du 27 mars 1866, s'exprime ainsi à cet égard : « Les cahiers des charges obligent au même titre, et sans qu'il y ait faculté d'y déroger par des conventions particulières, les tiers qui peuvent avoir contracté avec les compagnies. »

Ces tiers ne sauraient donc exciper d'une erreur précédemment commise, et consistant en ce que la compagnie aurait, dans des circonstances identiques, appliqué un tarif inférieur au lieu d'un tarif supérieur.

4.

Tarifs spéciaux.

Si les tarifs généraux forment la loi commune, les tarifs spéciaux, au contraire, représentent l'exception ; tandis que les premiers sont applicables d'office, ceux-ci au contraire, ne sont applicables qu'autant que l'expéditeur en fait la demande expresse sur sa déclaration d'expédition.

La Cour de Cassation, dans son arrêt en date du 17 janvier 1866, s'exprime ainsi : « Un tarif spécial accordant une réduction du prix ordinaire des transports, en échange de certaines conditions stipulées dans l'intérêt de la compagnie, que celle-ci ne pourrait faire subir aux expéditeurs qu'en vertu de leur consentement exprès, exige, pour son application, que ce consentement préalable, nécessaire pour former le contrat synallagmatique entre les deux parties, soit constaté par une demande inscrite sur la note d'expédition. »

Un grand nombre de tarifs réduits soumettent les envois faits sous l'empire de ces tarifs, à la clause de non responsabilité de la part du transporteur, pour les déchets et avarie de route.

Cette clause a été diversement interprétée : les compagnies l'invoquaient pour soutenir qu'elles étaient exonérées de toute responsabilité en cas d'avarie ; les destinataires soutenaient qu'elle devait être limitée aux avaries de route résultant d'un transport effectué avec soin et vigilance.

La Cour de Cassation a décidé, par arrêt en date du 26 mars 1860, « que malgré la clause de non respon-

« sabilité, les compagnies étaient responsables des
« avaries ou déchets imputables à la négligence ou au
« défaut de précaution de leurs agents, par application
« du principe du droit commun renfermé dans l'arti-
« cle 1382 du Code Civil.

« La convention faite dans le but de s'affranchir de
« son dol, de sa faute, de ses faits personnels ou de
« ses promesses, serait contraire à l'ordre public. Elle
« contiendrait une véritable condition potestative et
« devrait être frappée de la nullité prononcée, dans
« des cas, analogues par les art. 1628 et 1695 du
« Code civil. »

En ce qui concerne l'art. 98 du Code de Commerce,
invoqué par les compagnies, on doit répondre que le
législateur n'a pas voulu donner au voiturier un droit
allant jusqu'à pouvoir ruiner l'expéditeur en permettant au transporteur de détruire la marchandise qui
lui a été confiée sans responsabilité de sa part; cette
décharge de garantie ne doit s'entendre que tout autant que le voiturier n'aura aucune faute à se reprocher.

Elle peut cependant avoir un avantage considérable
pour le voiturier : c'est de mettre à la charge de l'expéditeur la preuve de la faute imputée au transporteur,
qui en vertu de la clause de non responsabilité est
présumé irréprochable tant que sa faute n'a pas été
prouvée.

Nous n'émettons cette opinion que sous toute réserve, car nous n'ignorons pas que la Cour de Cassation est d'une opinion contraire : « L'expéditeur n'ayant
« aucun moyen possible de surveillance sur ses mar-
« chandises transportées, ni en gare, ni en cours de

« voyage, c'est à la compagnie à prouver que la perte
« ou l'avarie ne peuvent être le résultat de sa faute
« ni de celle de ses agents, ou qu'aux termes de la
« clause ci-dessus, sainement entendue, elles provien-
« nent du vice propre à la chose. Cette preuve n'ayant
« pas été faite..... condamne la compagnie..... »

Les tarifs sont, quant à leurs bases, proportionnels
ou différentiels.

Tarifs proportionnels (1).

Un tarif est proportionnel, quand il a, pour toutes
les fractions d'un parcours quelconque, une base kilométrique unique.

Si le prix à percevoir par unité et par kilomètre est
le même quelle que soit la distance parcourue, ce prix
unique est la base d'un tarif proportionnel.

C'est le cas ordinaire du tarif maximum du cahier
des charges. — C'est déjà l'exception pour les tarifs
généraux. Quant aux tarifs spéciaux, il est très-rare
qu'ils soient proportionnels.

Tarifs différentiels.

Un tarif est différentiel, lorsque les prix à percevoir
par unité et par kilomètre varient selon les distances
parcourues.

Si, par exemple, pour une distance de 1 à 400 kilomètres la base est de 0,06ᶜ et qu'elle descende à

(1) Définition empruntée à l'ouvrage de M. Lamé-Fleury,
page 222.

0,05ᵉ pour les parcours de 400 kilomètres et au delà.

Les tarifs différentiels engendrent sans cesse des débats entre les compagnies de chemin de fer et le public qui réclame l'application des tarifs à base kilométrique. En 1843, à la chambre des pairs, M. Legrand, sous-secrétaire d'État des travaux publics, a répondu à ces observations en disant : « Les prix différentiels sont la base de toutes les opérations de transport ; les interdire c'est paralyser l'industrie. »

A vingt ans d'intervalle, M. Rouher, alors ministre des travaux publics, prenant la parole devant le Sénat au sujet de cette même question, s'exprimait ainsi : « Dans ma conviction profonde, le tarif différentiel est à la fois juste, conforme aux véritables intérêts économiques et nécessaire à la concurrence internationale. Vouloir établir le tarif proportionnel, ce serait aller au rebours de tous les intérêts économiques de ce pays... »

Tarifs communs.

On nomme tarifs communs des tarifs concertés entre plusieurs compagnies, ils sont généralement conditionnels et différentiels tout à la fois ; le prix de transport fixé par un tarif commun est un tout indivisible.

Voici comment s'exprime la Cour de Cassation dans son arrêt du 8 décembre 1858 relatif aux tarifs communs : « Les tarifs communs établissent une espèce de fusion entre deux chemins de fer, sauf la répartition du prix de transport des marchandises. En effet, d'après ces tarifs, pour le transport des marchandises

à petite vitesse, chacune des compagnies a le droit
d'user du chemin de l'autre, comme si ce chemin faisait partie de celui qui lui appartient, de sorte que
l'engagement de la compagnie qui se charge du transport des marchandises de l'une des gares de sa ligne
à l'une des gares de l'autre ligne, l'oblige, vis-à-vis de
l'expéditeur pour tout le trajet, sans que celui-ci ait à
prendre aucune mesure pour le transport sur la partie
empruntée de l'autre ligne. L'expéditeur se libère valablement de l'entier prix du transport, en le versant
dans les caisses de la gare d'où les marchandises sont
expédiées et la responsabilité du transport pèse, pour
le tout, sur la compagnie qui se charge du transport. »

Tarifs de transit.

Ces tarifs ont été créés pour faciliter la concurrence
entre nos chemins de fer français et les voies de communications étrangères; à cet effet, le décret du
26 avril 1862 est venu modifier, en les restreignant,
les formalités exigées pour l'application des tarifs, de
manière à accorder aux compagnies de chemins de fer
français une certaine mobilité de tarifs leur permettant
d'abaisser les prix de transport dans les proportions
réclamées par le trafic international.

Les compagnies qui profitent de ces tarifs sont tenues seulement d'adresser une demande à l'autorité administrative. Elles doivent communiquer leurs tarifs de
transit à l'administration, mais seulement, la veille de
leur mise à exécution. L'homologation d'un tarif de
transit est remplacée par un simple accusé de récep-

tion du projet. Le tarif doit être affiché dans les gares intéressées.

Tarifs d'exportation.

Ces tarifs sont destinés à faciliter le transport des marchandises expédiées de France à l'étranger.

On a cherché au moyen des tarifs de transit et d'exportation à amener dans des conditions analogues sur un marché extérieur, les marchandises étrangères par le tarif de transit, et les marchandises indigènes par le tarif d'exportation correspondant.

Il faut toutefois reconnaître que ce but est difficile à atteindre eu égard aux provenances variées des expéditions.

Les compagnies doivent toujours communiquer leurs tarifs d'exportation à l'administration ; si dans un délai de cinq jours l'opposition ministérielle ne leur a pas été notifiée, elles peuvent provisoirement appliquer ce tarif, sans préjudice d'une homologation ultérieure, mais avec dispense d'affichage préalable, toutefois, dans les gares intéressées, l'affichage devra avoir lieu immédiatement.

Tarif exceptionnel.

Ce tarif existe en vertu de l'art. 47 du cahier des charges ainsi conçu :

Art. 47. Les prix de transport déterminés au tarif ne sont pas applicables :

1° Aux denrées et objets qui ne sont pas nommément énoncés dans le tarif et qui ne pèseraient pas 200 kilogrammes, sous le volume d'un mètre carré.

Le paragraphe 1er de l'art. 47 que nous venons de citer, a été particulièrement l'objet de contestations entre le public et les compagnies.

Les tribunaux consulaires ont diversement résolu la question ; mais par son arrêt, en date du 16 août 1864, la Cour suprême a parfaitement précisé l'interprétation qu'il convenait de donner au § 1er de l'art. 47.

L'arrêt est ainsi motivé : « En fondant la surtaxe autorisée par l'art. 47, §§ 1 et 9 du cahier des charges, sur les éléments combinés du poids et du cubage, on a voulu élever à de justes proportions une rémunération qui aurait cessé d'être suffisante ; si, nonobstant la circonstance (plus ou moins onéreuse pour la compagnie) du développement excessif en volume des objets dont elle opère le transport, le prix de ce transport eût continué d'avoir pour base unique le poids, relativement minime, de ces objets..... »

D'ailleurs, cet article n'admet l'affranchissement de la surtaxe que pour les objets nommément énoncés dans l'art. 42.

En marquant ainsi d'un trait caractéristique une distinction très-réelle, eu égard aux objets tarifés, outre les énumérations vagues et générales, et les énonciations directement spécifiées se référant à ces objets, les art. 42 et 47, combinés, indiquent nettement comment et en quoi il convient, au point de vue de la surtaxe et suivant la diversité des modes d'énonciation, de faire ou de ne leur pas faire l'application du dernier de ces articles.

FRAIS ACCESSOIRES.

Il existe d'autres taxes exceptionnelles que celles qui sont prévues par l'art. 47 du cahier des charges : ce sont les frais dits accessoires, prévus par l'art. 51.

Ces frais doivent, ainsi que ceux du tarif exceptionnel, être fixés annuellement par l'administration, sur la proposition de la compagnie.

L'art. 51 du cahier des charges s'exprime ainsi : « Les frais accessoires non mentionnés dans les tarifs, tels que ceux de chargement, de déchargement et de magasinage dans les gares et magasins du chemin de fer, seront fixés annuellement par l'administration, sur la proposition de la compagnie.

Parmi ces frais accessoires ou taxes exceptionnelles, il en est une qui irrite particulièrement le public, c'est le droit de magasinage.

Pour des motifs divers, cette taxe n'avait pas toujours été rigoureusement perçue ; mais le commerce ayant souvent abusé de la tolérance que les compagnies avaient tacitement accordée en permettant le dépôt gratuit des marchandises sur les quais, les administrations de chemins de fer se virent dans l'obligation, pour éviter l'encombrement des gares, de recommander à leurs agents de revenir à l'exécution rigoureuse du règlement, et d'exiger à l'avenir du public le paiement intégral des frais de magasinage.

Par son arrêté du 17 janvier 1872, qui élève les frais de magasinage, le gouvernement est venu à l'aide

des compagnies qui voyaient leurs gares transformées
en entrepôt par le commerce.

Les considérants de cet arrêté sont dignes d'être
cités, car ils fixent parfaitement le caractère des droits
de magasinage, qui, jusque-là, avaient été considérés
par les uns comme une taxe perçue pour droit d'entrepôt, par d'autres comme une pénalité encourue par le
destinataire retardataire.

C'est cette dernière interprétation qui a été admise
par le gouvernement ; voici les considérants de l'arrêté
du 12 janvier 1872 :

« Considérant que l'encombrement des gares de
chemins de fer est une des causes principales de la
lenteur des transports ;

« Considérant que cet encombrement est dû surtout
à l'habitude, prise par le public, de laisser séjourner
indéfiniment les marchandises dans les gares et de
regarder les halles de chemins de fer comme des entrepôts ;

« Considérant que la modicité du tarif de magasinage est un encouragement à cet abus ;

« Considérant que dans les circonstances actuelles
il est d'intérêt public d'assurer la prompte évacuation
des gares de marchandises,

« Arrête....... »

Les frais du tarif exceptionnel devant être fixés annuellement, la perception du droit de magasinage se
fait actuellement en vertu de l'arrêté ministériel du
31 décembre 1872, dont suit la teneur :

ARTICLE PREMIER. — Les dispositions des art. 1 et 2 de l'arrêté ministériel du 30 mai 1862, portant fixation, pour la même

année, du tarif exceptionnel prévu par l'art. 47 du Cahier des charges, continueront de recevoir leur application, pendant l'année 1873, sur les Chemins de fer du Nord, d'Orléans, de l'Est, de l'Ouest, du Midi, et de Paris à Lyon et à la Méditerranée.

Toutefois, les *broderies* seront ajoutées aux dentelles dans le paragraphe 4 (grande vitesse), et dans le troisième alinéa du paragraphe 4 (petite vitesse) de l'arrêté ministériel précité ; elles seront, par suite, taxées aux mêmes prix et conditions.

ART. 2. — Conformément à l'art. 12 de la loi de finances du 16 septembre 1871, les prix fixés par le susdit arrêté, pour les expéditions à grande vitesse, seront majorés de 10 pour 100.

ART. 3. — Les dispositions qui précèdent sont applicables, dans leur ensemble, au Chemin de fer de Ceinture.

Elles sont également applicables aux Chemins, autres que ceux désignés ci-dessus, pour les transports exceptionnels qui sont dénommés dans leurs Cahiers des charges.

ART. 4. — Les artifices, les capsules, les allumettes chimiques, le phosphore, l'éther et autres substances analogues, qui, conformément à l'art. 2 de l'arrêté ministériel du 15 juillet 1863, peuvent être transportés par trains mixtes sur les sections de Chemins de fer où ne circulent pas des trains réguliers de marchandises, seront taxés, sur lesdites sections, aux prix fixés par l'arrêté du 30 mai 1862 pour le transport des mêmes substances à petite vitesse.

ARTICLE PREMIER. — L'arrêté ministériel du 30 avril 1862, portant fixation, pour la même année, des frais accessoires d'enregistrement, de manutention, de pesage et de magasinage sur les Chemins de fer, continuera de recevoir son application pendant l'année 1873, sauf les modifications ci-après, résultant de l'arrêté du 12 janvier 1872, savoir :

PETITE VITESSE

Magasinage. — Les marchandises adressées en gare et qui ne seront pas enlevées, pour quelque cause que ce soit, dans la journée du lendemain de la mise à la poste de la lettre d'avis adressée par les Compagnies au destinataire, paieront les droits ci-après :

5 centimes par fraction indivisible de 100 kilogrammes, et par jour, pour les trois premiers jours, à partir de l'expiration du délai ci-dessus fixé ;

10 centimes par fraction indivisible de 100 kilogrammes, et par jour, pour chaque jour en sus.

Le *minimum* de la perception est fixé à *10 centimes*.

Stationnement des wagons. — Pour les marchandises désignées, soit dans les tarifs généraux, soit dans les tarifs spéciaux ou communs, comme étant transportées par wagon complet, avec faculté ou obligation, pour les expéditeurs et les destinataires, de faire eux-mêmes le chargement et le déchargement, les droits de stationnement des wagons seront les suivants :

AU DÉPART :

Les wagons devront être complètement chargés dans les vingt-quatre heures qui suivront leur mise à la disposition des expéditeurs. Passé ce délai, il sera perçu un droit de stationnement de 10 francs par wagon, entamé ou non entamé, et par jour de retard, quelle que soit la contenance du wagon.

A L'ARRIVÉE :

Les wagons devront être complètement déchargés dans la journée du *lendemain* de la mise à la poste de la *lettre d'avis* adressée par les Compagnies au destinataire. Passé ce délai, les Compagnies feront le déchargement et percevront, pour cette opération, *30 centimes* par tonne, sans préjudice des droits ordinaires de magasinage pour les marchandises déchargées, à compter de l'expiration du délai ci-dessus fixé. En cas d'impossibilité absolue pour les Compagnies d'opérer ce déchargement, elles pourront laisser les marchandises sur les wagons et percevront un droit de stationnement de 10 francs par wagon, et par jour de retard, quelle que soit la contenance du wagon.

Toutefois, les tarifs ci-dessus fixés, pour le magasinage des marchandises et le stationnement des wagons, ne seront perçus *que le surlendemain* de la mise à la poste de la *lettre d'avis*, lorsque les destinataires résideront dans une commune qui ne possède pas de bureau de poste.

Responsabilité des Compagnies relativement au transport.

Nous avons dit que les Compagnies sont tenues d'effectuer avec soin, exactitude et célérité, et sans tour de faveur, le transport des marchandises, bestiaux et objets de toute nature qui leur sont confiés. Le transport doit s'effectuer dans l'ordre des inscriptions à moins de délais demandés et consentis par l'expéditeur, et qui seront mentionnés dans l'enregistrement (1).

Pour les marchandises ayant une même destination, les expéditions auront lieu suivant l'ordre de leur inscription à la gare de départ (2).

Il résulte de ces dispositions que les Compagnies sont tenues de traiter le public sur le pied de l'égalité la plus absolue, et que la date de l'expédition doit être corrélative à la date de remise.

Les Compagnies, en enfreignant ces règlements, commettraient la contravention prévue par l'art. 21 de la loi de 1845.

Un retard dans l'expédition, même sans tour de faveur, constitue également une infraction prévue par l'art. 21 de la loi précitée.

La contravention disparaîtrait seulement dans le cas où la Compagnie pourrait invoquer et prouver le cas de force majeure.

Nous pensons que les Compagnies ne sont pas libres de suivre tel itinéraire qu'il leur plaît, et qu'elles doivent, au contraire, suivre scrupuleusement l'itinéraire indiqué par l'expéditeur sur sa déclaration. Bien que l'itinéraire fixé par l'expéditeur comporte un parcours kilométrique plus long, il est possible cependant que

(1) Art. 50 de l'ordonnance de 1846.
(2) Art. 49 du cahier des charges.

par la combinaison des tarifs, le prix de transport soit meilleur marché, car il n'est pas de principe absolu en matière de transport par chemin de fer que la voie la plus courte soit toujours la plus économique.

Dans le cas où l'expéditeur n'a pas fixé d'itinéraire sur sa déclaration, la compagnie doit elle diriger la marchandise par la voie la plus courte ou par la voie la plus économique?

La question est assez difficile à résoudre, car si en principe, la voie la plus courte n'est pas toujours la plus économique, elle est presque toujours la plus rapide.

Il s'agit donc de savoir, dans le cas où l'expéditeur a gardé le silence sur cette question, si son intention a été de préférer la célérité à l'économie.

Du mode de transport indiqué par l'expéditeur sur sa déclaration (grande et petite vitesse), nous en conclurons que son intention est, quand il expédie à grande vitesse, de préférer la rapidité à l'économie; mais, au contraire, quand l'expédition est faite en petite vitesse, nous déciderons que l'expéditeur, ayant été guidé dans le choix de ce mode de transport par un sentiment d'économie, on doit alors, en cas de silence de sa part, donner la préférence au parcours le plus économique, qu'il soit ou non le plus court.

La compagnie doit, pendant le parcours, veiller à la conservation de la chose; elle doit pour la sauvegarder user de tous les moyens que pourrait employer un bon père de famille pour la conservation de sa propre chose; ainsi, après avoir veillé au départ à ce que les marchandises soient convenablement chargées et pla-.

cées dans des véhicules appropriés à la nature de la
chose transportée, elle doit pendant la route continuer
à exercer sa vigilance sur les choses qui lui ont été
confiées.

Les art. 1783 et 1784 du Code Civil sont, du reste,
tellement absolus en ce qui concerne la responsabilité
du voiturier, que leur propre intérêt commande aux
compagnies l'obligation de veiller avec la plus grande
sollicitude à la conservation des marchandises qu'elles
transportent.

Nous ajouterons que le compagnie première expé-
ditrice, est responsable non-seulement de ses propres
fautes, mais encore des fautes de la compagnie ces-
sionnaire ou suivante qui s'est substituée à la première.
Ceci résulte des dispositisns de l'art. 99 du Code de
Commerce ainsi conçu : « Le commissionnaire de
transport est garant des faits du commissionnaire intermédiaire auquel il adresse les marchandises. »

Une jurisprudence constante a même décidé, qu'en
cas d'avarie non apparente à l'extérieur, mais qui s'est
révélée à l'ouverture du colis au moment de la livraison, la compagnie, premier transporteur, serait rendue
seule responsable, comme mandataire primordial, et
surtout en raison des longs délais qui lui sont accordés
au départ (deux jours) pour la réception et la vérification des marchandises ; tandis que les mandataires,
substitués, dans l'espèce les compagnies cessionnaires,
n'ont droit qu'à un jour de délai pour opération de
transmission d'une ligne à l'autre.

Incidents en cours de route.

Il arrive souvent en cours de route que des avaries se produisent soit par la faute du transporteur, soit par le vice propre à la chose.

Le voiturier doit dans tous les cas prendre les mesures nécessaires pour empêcher l'avarie d'augmenter ; il suspendra le transport de cette marchandise et lui fera donner par des hommes spéciaux, les soins que comporte son état. Si l'avarie est du fait du transporteur, il subira les conséquences de sa faute en gardant à sa charge les dépenses occasionnées par les soins donnés à la marchandise.

Si, au contraire, l'avarie est due au vice propre à la chose, il procèdera conformément à l'art. 106 du Code de Commerce, qui est ainsi conçu :

« En cas de refus ou contestation pour la réception « des objets transportés, leur état est vérifié et cons-« taté par des experts nommés par le président du « tribunal de commerce, ou, à son défaut, par le juge « de paix , et par ordonnance au pied d'une requête.

« Le dépôt ou séquestre, et ensuite le transport « dans un dépôt public, peut en être ordonné.

« La vente peut en être ordonnée en faveur du voi-« turier, jusqu'à concurrence du prix de la voiture. »

Devra-t-il convoquer l'expéditeur et le destinataire pour avoir à assister à l'expertise, nous pensons qu'il doit leur donner avis du fait, mais qu'en cas d'absence de leur part au moment de l'expertise, il doit être passé outre et que, malgré cela, cette expertise faite

en dehors de la présence des Intéressés sera valable.
Les juges qui doivent apprécier les circonstances du
fait dans beaucoup de circonstances, tiendront compte
certainement de l'impossibilité matérielle où était le
transporteur d'agir autrement qu'il ne l'a fait.

Responsabilité du transporteur en cas d'avarie. Perte ou manquants constatés à l'arrivée.

Les transporteurs sont responsables de la perte ou
de l'avarie des marchandises qui leur ont été confiées;
les art. 1382, 1384, 1784, 1953 du Code Civil; 98
et 103 du Code de Commerce sont formels à cet égard.

Ces articles sont ainsi conçus :

ART. 1382. Tout fait quelconque de l'homme qui
cause à autrui un dommage, oblige celui par la faute
duquel il est arrivé à le réparer.

ART. 1384. On est responsable non-seulement du
dommage que l'on cause par son propre fait, mais
encore de celui qui est causé par le fait des personnes
dont on doit répondre.

ART. 1784. (Les transporteurs) sont responsables
de la perte et des avaries des choses qui leur sont
confiées à moins qu'ils ne prouvent qu'elles ont été
perdues ou avariées par cas fortuit ou force majeure.

ART. 1953. Ils (les aubergistes) sont responsables
du vol ou du dommage des effets du voyageur soit que
le vol ait été fait ou que le dommage ait été causé par
les domestiques et préposés de l'hôtellerie, ou par des
étrangers allant et venant dans l'hôtellerie.

ART. 98 du Code de Commerce. « Il (le voiturier)

5.

est garant des avaries ou pertes des marchandises et
effets, s'il n'y a stipulation contraire dans la lettre de
voiture ou force majeure. »

Art. 103 du Code de Commerce. « Le voiturier est
garant de la perte des objets à transporter, hors les
cas de la force majeure. Il est garant des avaries
autres que celles qui proviennent du vice propre de
la chose ou de la force majeure. »

Les compagnies sont mêmes responsables des avaries, pertes ou manquants constatés sur des objets qui
leur ont été confiés, alors même que ces faits résulte-
raient de vols ou de dommages commis par des personnes étrangères au service de la compagnie (1).

Ainsi donc nous voyons que la responsabilité du
voiturier est pleine, entière, absolue; il a l'obligation
de veiller à la conservation des objets qui lui ont été
remis, et le défaut de surveillance de sa part le constitue en faute.

Quid au cas où l'expéditeur a dégagé la responsabilité de la compagnie en signant une garantie ou en
revendiquant l'application d'un tarif qui exonère la
compagnie de toute responsabilité en cas d'avarie.

Nous examinerons d'abord le cas où l'expéditeur a
signé un bulletin de garantie pour un fait particulier,
différence de poids, mauvais emballage, etc.

Nous déciderons que ces garanties spéciales sont
valables, qu'elles peuvent être invoquées à bon droit
par les compagnies contre les expéditeurs dans le cas
où la réclamation formulée à l'arrivée par le destina-

(1) Cour de cassation, 11 mars 1846.

taire rentre strictement dans le cadre de la garantie
prise et qu'aucune faute ne peut être imputée à la
compagnie.

On doit, dans ce cas, considérer la garantie donnée
par l'expéditeur comme la constatation d'un état de
fait modifiant sa déclaration ou comme une transaction
intervenue entre lui et la compagnie, pour éviter que
celle-ci exerce le droit qu'elle a de vérifier l'intérieur
des colis avant le départ, opération coûteuse pour
l'expéditeur et qui peut même entraîner un retard
dans l'expédition ; dans ces conditions, l'expéditeur
doit être déclaré responsable dans les limites de la
garantie qu'il a souscrite (1).

Si, au contraire, la garantie était conçue en termes
vagues, et sans motif justifié, par exemple, en ces
termes : Sans garantie de la compagnie; nous n'hési-
terions pas à déclarer que cette garantie est sans valeur
et de nul effet et qu'en cas de perte, avarie ou manquant, la compagnie serait mal venue à vouloir se
prévaloir de cette garantie pour repousser la réclamation légitime de l'expéditeur ou du destinataire.

Quid si la garantie a été donnée dans le but de jouir
d'un tarif à prix réduit.

Si la garantie donnée est générale, nous déciderons
comme ci-dessus, qu'elle est nulle comme constituant
un contrat léonin au profit de la compagnie. On ne
peut pas admettre, en effet, qu'une semblable garantie
exonère la compagnie de toute responsabilité en cas de
perte de la chose (2).

(1) Cour de cassation, 2 février 1858.
(2) Cour de cassation, 26 janvier 1859.

Mais, si la garantie au lieu d'être générale est spéciale, ne s'appliquant par exemple qu'aux déchets et avaries de route, résultant de l'absence d'emballage et si la marchandise expédiée figure simultanément au tarif général avec responsabilité de la part du transporteur et au tarif spécial avec condition inverse, le destinataire qui, dans ces conditions, voudra se plaindre d'une avarie survenue en cours de route, faute d'emballage, sera dans ce cas mal fondé dans ses prétentions parce qu'il avait le choix entre deux tarifs stipulant des conditions de prix et de responsabilité différentes et qu'il a expressément revendiqué au départ le tarif le meilleur marché mais sans responsabilité de la part de la compagnie pour avarie de route, surtout si l'on ne vient établir aucune faute personnelle contre la compagnie (1).

La compagnie est-elle responsable des objets qu'elle transporte lorsqu'elle loue un wagon entier, mais sans se charger du chargement ni du déchargement des marchandises?

Appuyant notre opinion sur les arrêts de la Cour de cassation du 27 décembre 1848 et de la Cour d'appel de Montpellier du 18 avril 1865, nous décidons que l'expéditeur est responsable lorsque le dommage provient du vice du chargement, mais que la responsabilité doit peser sur la compagnie lorsque le dommage résulte du vice des véhicules fournis par la compagnie. A chacun la responsabilité de ses actes.

(1) Cour de cassation, 2 février 1858; 21 novembre 1871; 29 janvier 1872.

Nous venons de voir quelle pourrait être l'importance des garanties souscrites par les expéditeurs, en ce qui concerne les avaries, nous allons traiter maintement des dommages résultant de l'avarie et des formalités à observer pour la constatation des avaries.

Les destinataires ont le droit, avant de prendre livraison de leurs marchandises, de vérifier l'état extérieur et intérieur des colis qui leur sont présentés.

Vainement les compagnies ont cherché à s'exonérer de la responsabilité des avaries intérieures, la jurisprudence n'a pas consacré les prétentions des compagnies. Ces prétentions ne sont pas plus fondées en fait qu'en droit; il est à remarquer, en effet, que les articles 1783 Code civil et 103 du Code de commerce déclarent que le voiturier est responsable des avaries sans faire aucune distinction entre les avaries extérieures et les avaries intérieures.

La loi ne dégage la responsabilité des transporteurs que lorsque l'avarie a pour cause le vice propre à la chose, le cas fortuit ou la force majeure; dans tout autre cas, la responsabilité des compagnies est absolue, et la preuve de l'exception est à leur charge, tandis que le destinataire, au contraire, n'a qu'une obligation, celle de faire constater l'existence de l'avarie (1).

Le dommage résultant d'avarie peut être évalué à l'amiable entre les parties intéressées, voiturier et destinataire; elles peuvent aussi avoir recours à des experts qui tiendront lieu d'arbitres; aucune formalité n'est prescrite dans ce cas. Mais si les parties ne

(1) Cour de Cassation, 24 avril 1865.

veulent pas employer les voies de la conciliation, elles devront observer alors les formalités indiquées dans l'article 106 du Code de commerce; cet article est ainsi conçu : « En cas de refus ou contestation pour la réception des objets transportés, leur état est vérifié et constaté par des experts nommés par le président du tribunal de commerce, ou à son défaut par le juge de paix, et par ordonnance au pied d'une requête. »

Le président peut nommer un ou plusieurs experts ; il n'est pas indispensable d'en nommer plusieurs.

Il a été décidé que dans certains cas un procès-verbal du juge de paix ou du maire pouvait tenir lieu d'expertise judiciaire (1).

Les experts après avoir accepter le mandat qui leur est confié doivent prêter serment entre les mains du président. La partie qui aura provoqué l'expertise et présenté requête devra informer la partie adverse par acte extrajudiciaire du jour et du lieu où l'expertise devra être faite, en reproduisant l'ordonnance qui a été rendue.

Les experts, avant d'effectuer le dépôt de leur rapport, peuvent en donner connaissance aux parties afin de les concilier si faire se peut.

Les rapports d'experts sont simplement destinés à éclairer les juges, qui restent libres d'en adopter ou non les conclusions. (Art. 323 du Code de Proc. civ.)

La requête à l'effet d'obtenir la nomination d'un expert doit, autant que possible, être présentée avant la réception des colis, sous peine de voir la compagnie

(1) Cour de cassation, 2 août 1842.

opposer une fin de non recevoir, tirée de l'art. 105 du Code de Commerce; la compagnie, dans ces circonstances, alléguant que l'avarie a pu se produire chez le destinataire.

Si des réserves ont été prises au moment de la livraison et consenties par la compagnie, le destinataire pourra alors retarder pendant un certain temps l'expertise; il conservera son droit en vertu de la garantie qu'il aura obtenue.

En ce qui concerne la fixation du dommage résultant de l'avarie, on devra tenir compte des dispositions des art. 1382, 1149, 1150, 1151 du Code Civil, *vide suprà*. Mais en fait et dans la pratique, l'opinion des experts fera loi.

Sur la question de savoir si l'avarie peut donner lieu au laissé pour compte, nous raisonnerons, comme nous l'avons fait à propos des retards, admettant que le laissé pour compte est justifié lorsque l'avarie est de nature à rendre la marchandise impropre à l'usage auquel elle était primitivement destinée : hors ce cas, nous repoussons le laisser pour compte, déclarant qu'il ne peut jamais y avoir lieu dans les autres circonstances qu'à une question de dommages.

Fin de non recevoir tirée du vice propre à la chose ou du cas de force majeure.

En principe, les voituriers sont responsables des choses qui leur ont été remises; mais les art. 1784 du Code Civil et 103 du Code de Commerce renferment une exception à ce principe général. Ces articles décident avec juste raison que le voiturier n'est pas responsable lorsque l'avarie résulte du vice propre à la chose ou de la force majeure.

Nous avons exposé à l'article *retards*, ce que l'on doit entendre par force majeure : il nous reste à envisager la fin de non-recevoir tirée du vice propre à la chose.

On entend par vice propre à la chose toute moins-value résultant d'un état de fait inhérent à la nature même de la chose transportée et qui s'est produit sans la faute de l'homme : par exemple, le coulage des huiles, l'évaporation des alcools, la fermentation, la dilatation, la congélation de certains liquides. Phénomènes physiques que le transport provoque ou aggrave souvent, *ipso facto*, et qui ont pour résultat de faire subir une moins-value à la chose transportée.

On comprend que le fait normal du chargement et du déchargement des marchandises, la trépidation des wagons pendant la route, les chocs résultant des temps d'arrêt des trains contribuent à augmenter le danger qu'il y a à faire voyager certaines marchandises, qui, battues, fouettées, réunies, secouées par le mouvement du train arrivent à destination, les unes en état de coulage, les autres écrasées ou gâtées, les fruits par exemple, et révèlent ainsi leur antipathie naturelle pour le transport.

Le vice propre à la chose peut dans certains cas amener la perte totale de la chose, et dans d'autres, ne produire qu'un simple déchet.

Ces déchets varient du plus au moins suivant la durée du trajet et la saison pendant laquelle a lieu le transport; Il est impossible d'en fixer les bases d'une manière même approximative, attendu que la quotité des déchets et des coulages dépend de certaines circonstances essentiellement variables; l'usage de la place fait loi en pareille matière.

Il résulte de ces explications que le transporteur n'est pas responsable des déchets et coulages constatés à l'arrivée, lorsqu'ils sont la conséquence nécessaire d'un transport exécuté avec soin et vigilance (1).

Toutefois, lorsque le déchet ou manquant est supérieur au déchet ou manquant normal, le transporteur est responsable du manquant qui excède le déchet normal (2).

En cas de contestation, ces déchets doivent être constatés par expertise amiable ou judiciaire, conformément à l'art. 106 du Code de Commerce ; il est bien entendu que cette dernière seule est juridique et permet d'exercer un recours légal contre la personne responsable.

L'exception tirée du vice propre à la chose peut être invoquée lorsque la perte a été totale, tout aussi bien que lorsqu'il s'est agi seulement d'une perte partielle.

Extinction du contrat de transport par la livraison et la prescription.

Certaines formalités doivent précéder la livraison des marchandises.

(1) Tribunal de commerce de la Seine, 13 décembre 1861.
(2) Tribunal de commerce de Caen, 27 octobre 1859.

L'article 49 du cahier des charges oblige les compagnies à transcrire dès leur arrivée, sur des registres spéciaux, les pièces comptables (lettres de voiture, pièces de régie), qui accompagnaient la marchandise pendant le trajet. Cet article est ainsi conçu : « Les colis, bestiaux et autres objets quelconques seront inscrits à la gare où ils arriveront, sur un registre spécial, au fur et à mesure de leur réception. »

L'inscription des articles doit être suivie du déchargement des colis ; cette opération est faite par la compagnie, à ses périls et risques, mais aux frais de l'expéditeur ou du destinataire, à moins qu'en vertu de la clause d'un tarif spécial revendiqué ou d'une autorisation spéciale, cette opération ne soit laissée à la charge de l'expéditeur ou du destinataire ; dans ce cas, les frais de chargement ou de déchargement ne sont pas dûs à la compagnie, qui ne peut réclamer que les droits de gare.

Si le destinataire, sans autorisation régulière, a fait lui-même le déchargement du wagon parce qu'il lui était plus facile de prendre les marchandises sur wagon pour les charger sur sa voiture, que de les prendre à quai ou à terre, dans ce cas, les frais de déchargement resteront acquis à la compagnie, qui n'a consenti à laisser effectuer le déchargement par le destinataire que pour lui être agréable.

Pour faciliter la livraison des marchandises adressées en gare, les compagnies doivent aviser par lettre les destinataires de l'arrivée de leurs colis.

Le coût du timbre employé dans cette circonstance

doit-il rester à la charge de la compagnie, doit-il, au contraire, être remboursé par le destinataire ?

Cette question, qui semble d'une si minime importance, a été portée devant la Cour suprême ; par son arrêt en date du 13 mai 1861 la Cour de cassation a décidé que le coût du timbre-poste employé est dû par le destinataire à la compagnie, non pas à titre de perception, mais comme recouvrement d'un déboursé fait pour le compte et dans l'intérêt du destinataire.

Il a été décidé par la même Cour, le 8 juillet 1863, qu'en cas de contestation sur la date de la lettre d'avis, le timbre apposé par le bureau de poste au départ ferait foi.

Enfin, dans le cas où le destinataire prétendrait ne pas avoir reçu de lettre d'avis, la Cour d'appel de Bordeaux, par son arrêt en date du 31 mai 1858, a jugé que, dans cette circonstance, la souche de la lettre d'avis ferait foi.

Toutes les difficultés à propos du timbre-poste ne sont pas encore épuisées ; cette question a eu le privilège de passionner beaucoup de personnes.

Des destinataires en grand nombre ont signifié aux gares d'arrivée qu'ils ne voulaient pas recevoir de lettre d'avis les informant de l'arrivée en gare de leurs marchandises ; ils alléguaient entre autres motifs que venant tous les jours à la gare on pouvait les aviser verbalement.

Nous avons été des premiers à soutenir que les prétentions de ces destinataires n'étaient pas fondées ; la Cour suprême nous a donné raison par son arrêt en date du 31 mai 1870, ainsi formulé : « Des tarifs généraux et spécialement des diverses sections placées sous la rubrique *frais accessoires*, il résulte qu'à l'arrivée des marchandises adressées en gare, à moins qu'elles ne soient retirées sur-le-champ, la compagnie doit en informer les destinataires par lettres d'avis mises à la poste, et que ce mode d'avertissement est même pris comme point de départ du délai des quarante-huit heures dont l'expiration rend exigibles les droits d'emmagasinage sur les marchandises non enlevées par les destinataires.

« Il n'est pas contesté que la compagnie est en droit de se faire rembourser la taxe d'affranchissement des lettres d'avis si, d'ailleurs, ces lettres ont été à bon droit envoyées par elle.

« Les tarifs qui règlent les prix de transport par chemin de fer et les conditions d'application de ces tarifs forment la loi non-seulement de la compagnie concessionnaire, mais des expéditeurs et des destinataires.

« Le destinataire ne saurait donc exiger que la compagnie s'abstienne du mode d'avertissement fixé par l'autorité publique, lequel constitue une condition d'application des tarifs, respectable au même titre et au même degré que toutes les autres conditions.

« En décidant le contraire et en ordonnant, par ce motif la restitution de la taxe perçue, dans la cause, par la compagnie, le jugement attaqué a violé les articles de la loi ci-dessus visés. »

Livraison.

La marchandise une fois déchargée et inscrite sur les registres d'arrivée, doit-elle être livrée en gare ou à domicile?

Il semble qu'il n'y ait pas lieu de se poser cette question tout au moins lorsque l'expéditeur a indiqué sur sa déclaration d'expédition quelle était son intention à cet égard.

Il peut arriver cependant que l'expéditeur, ayant adressé son envoi à domicile, le destinataire ait int êt à prendre livraison de sa marchandise en gare ; dans ce cas, quelle détermination devra prendre la compagnie prévenue de l'intention du destinataire avant l'arrivée en gare des marchandises ?

La compagnie devra obéir à l'ordre du destinataire ; c'est au moins dans ce sens que la Cour de Cassation a tranché la question par ses arrêts en date du 6 janvier 1863 et 19 décembre 1866, se basant sur les §§ 1 et 4 de l'art. 52 du cahier des charges ainsi conçu : « Toutefois, les expéditeurs et destinataires restent libres de faire eux-mêmes et à leur frais le factage et le camionnage des marchandises.

« Du principe que le destinataire a le droit d'exiger la livraison en gare des marchandises que l'expéditeur lui avait expédiées à domicile, il résulte qu'il serait imprudent, de la part de la compagnie du chemin de fer, d'acquitter au nom des destinataires les droits d'octroi pour les marchandises livrables à l'intérieur des villes.

« Il est possible, en effet, que le destinataire vienne prendre livraison en gare de la marchandise qui lui était adressée à domicile, et la dirige sur un point situé en dehors de la ville et qui, par conséquent, ne se trouve pas soumis à l'exercice de l'octroi.

« Mais si la compagnie est autorisée d'une manière générale par le destinataire à camionner à son domicile toutes les marchandises qui lui sont adressées, elle peut acquitter les taxes d'octroi, et si l'expéditeur a adressé la marchandise à domicile, il serait mal fondé de refuser de payer à la compagnie ce déboursé sous prétexte que le destinataire a refusé de recevoir la marchandise. » Ainsi jugé par arrêt de la Cour de Cassation, en date du 19 décembre 1866.

Le destinataire, avant de prendre livraison de sa marchandise, doit, dans son intérêt, procéder à la vérification tant extérieure qu'intérieure des colis qui lui sont présentés, de même qu'au départ la compagnie avait le droit de faire cette vérification.

Les doubles dispositions des art. 103 et 105 du Code de Commerce autorisent et justifient cette vérification et elle doit nécessairement précéder la réception des marchandises et le paiement des frais de transport, sans quoi le destinataire perdrait son recours contre le voiturier (1)

Dans son arrêt du 26 décembre 1854, la Cour suprême s'exprime ainsi : « Il suit nécessairement des « art. 103 et 105 du Code de Commerce qu'avant de

(1) Cour de Cassation, 26 décembre 1854, 5 février 1856, 20 novembre 1860.

« recevoir les objets transportés et de payer la lettre
« de voiture, le destinataire a le droit, alors même
« que les colis se trouvent en bon état de conditionne-
« ment extérieur, de vérifier leur contenu, pour s'as-
« surer qu'il n'existe pas à l'intérieur quelque avarie
« latente engageant la responsabilité du voiturier.

« L'art. 106 n'est pas exclusif de cette vérification
« qui a pour objet de savoir s'il y a raison de refuser
« les colis et de contester, aux quels cas seulement, il
« y a nécessité de recourir aux formes de procédure
« de l'art. 106. »

L'arrêt du 20 novembre 1860 de la même cour est
encore plus explicite : il est ainsi conçu : « La dispo-
« sition de l'art. 105 du Code de Commerce implique
« la faculté, par le destinataire, de vérifier, avant la
« réception et le payement, l'état intérieur comme
« l'état extérieur des colis à lui présentés. Cette vérifi-
« cation amiable et préalable ne peut être confondue
« avec la vérification par experts prescrite par l'art.
« 106 du même Code, dans le cas de refus ou de con-
« testation pour la réception, puisque la première a
« précisément pour objet de reconnaître s'il y a lieu
« ou non de recourir à la seconde.

« Refuser au destinataire la vérification amiable, ce
« serait lui imposer, en prévision d'une éventualité
« qui se réalise rarement et ainsi inutilement dans la
« plupart des transports, la nécessité et les frais d'un
« mode de procéder applicable seulement, d'après la
« loi, aux cas exceptionnels de refus et de contesta-
« tions. »

En raisonnant dans le même ordre d'idées, nous

déciderons que le destinataire à le droit de vérifier la qualité de la marchandise qui lui est expédiée par son vendeur avant la réception de cette marchandise. Le défaut de qualité est, en effet, un motif légitime de refus qui cependant ne serait pas accueilli par la compagnie après la livraison des colis.

La difficulté serait encore bien plus grande pour le destinataire si la marchandise était expédiée contre remboursement, car alors, l'expéditeur étant payé de la valeur de la marchandise représentée par le remboursement se refuserait à écouter les plaintes du destinataire, déclarant la marchandise livrée et payée.

Une autre question d'une très grande importance dans la pratique consiste à savoir si le destinataire prenant livraison de la marchandise et payant les frais de transport, mais sous réserve, conserve ses droits contre la compagnie en cas de retard, avarie, perte ou manquant.

Aucun article du Code n'autorise ni ne justifie d'une manière particulière la livraison avec réserves. C'est là, à notre avis, une question de droit commun ; des réserves prises et consenties de part et d'autre forment une convention ou un contrat, et, à ce titre, elles sont valables, et par conséquent peuvent produire effet en vertu de l'article 1134 du Code civil.

Ces réserves auront pour effet de suspendre momentanément l'action de l'article 105 du Code de commerce, dans le cas où, pour dégager sa responsabilité, le voiturier voudrait l'invoquer.

Celui en faveur de qui ces réserves auraient été consenties pourra-t-il en réclamer l'exécution à quelque

moment que ce soit? Leur effet sera-t-il au contraire
limité dans sa durée par l'article 108 du Code de commerce, qui déclare prescrite au bout de six mois toute
action contre le voiturier à raison de la perte ou de
l'avarie des marchandises? Enfin, ne pourrait-on pas
admettre que ces réserves seront prescrites par un laps
de temps plus court que celui qui est stipulé dans l'article 108 ?

Nous pensons que la durée de ces réserves n'excè-
dera pas les limites fixées dans l'article 108 du Code
de commerce qui, dans tous les cas, fixe le délai maximum pendant lequel le destinataire réserve son action
contre le voiturier.

Nous inclinons même à penser que ces réserves doivent être considérées comme n'ayant d'autre but que
de dispenser le destinataire de la formalité immédiate de la vérification de ses marchandises ; c'est un
compromis l'autorisant à ne procéder à la vérification
intérieure des colis qu'à leur arrivée chez lui. Tout
retard apporté dans cette opération compromettrait ses
intérêts, car la compagnie n'a pas entendu par ces réserves paralyser entièrement l'action de l'article 108
du Code de commerce, elle a voulu simplement éviter
au destinataire les difficultés d'une vérification intérieure des caisses faite en gare, consentant à retarder
cette opération jusqu'au moment de l'arrivée du colis
au domicile du destinataire.

L'ouverture du colis devra, dans ce cas, être faite
devant témoins, et en cas d'avarie intérieure, on devra
suspendre l'opération du déballage et donner immédiatement avis à la compagnie de l'état de choses cons-

6.

taté, l'invitant à déléguer un de ses agents pour vérifier le fait. En cas de refus de la part de la compagnie,
si des réserves ont été régulièrement données par un
de ses agents accrédité à cet effet, le destinataire devra immédiatement adresser requête au président du
tribunal de commerce, conformément aux dispositions
de l'article 106.

Il est bon de noter que celui à qui on demande des
réserves est libre, dans ce cas, de les donner ou de
les refuser, puisque ces réserves constituent une faveur, le droit strict du transporteur étant d'exiger la
vérification des colis en gare avant l'enlèvement.

Les réserves auront d'une part l'avantage de sauvegarder les droits du destinataire, en lui facilitant le
moyen d'éluder momentanément les dispositions dra-
coniennes de l'article 105; d'autre part, elles ne lais-
seront pas indéfiniment la compagnie sous la menace
d'une réclamation ou d'un procès, vu la courte durée
de l'action accordée à ces réserves.

Nous pensons que cette manière de procéder est
favorable au transporteur et aux destinataires; elle
a l'immense avantage de rendre plus faciles les transactions entre les parties.

Du reste, ces réserves n'empêcheront pas le destinataire d'observer, quand il le voudra, les formalités
prescrites par l'article 106 du Code de commerce.
Quid si la compagnie prétend que l'avarie s'est pro-
duite ou aggravée dans le transport de la gare au domicile du destinataire?

Les réserves données ayant pour effet de faire présu-
mer la compagnie en faute, ce sera à celle-ci à prouver

par tous les moyens de preuves admis en matière de commerce que l'avarie est du fait du voiturier qui a fait le transport de la gare chez le destinataire.

Le transporteur a terminé son mandat non-seulement quand il a livré la marchandise au destinataire et qu'il a perçu les frais de transport, mais encore quand il a livré à un mandataire régulièrement accrédité.

Il arrive très-souvent que le destinataire, au lieu de se présenter en personne pour prendre livraison de la marchandise qui lui est adressée, délègue à cet effet ses pouvoirs à un mandataire.

Les compagnies ont intérêt à s'assurer que la livraison des marchandises a été faite à des personnes ayant qualité pour recevoir; car dans ce cas seulement leur responsabilité est dégagée, aussi se montrent-elles très-exigeantes à l'égard des mandataires.

Ceux-ci doivent, pour être valablement accrédités près des compagnies par leurs mandants, présenter la lettre d'avis d'arrivage adressée par la compagnie au destinataire avec la mention écrite par celui-ci sur la lettre d'avis elle-même, « bon à livrer au porteur les colis ci-dessus désignés, » le tout signé de la main du destinataire.

La livraison au mandataire sera encore valable lorsque celui-ci présentera un ordre du destinataire l'autorisant à prendre livraison en gare de toutes les marchandises arrivées à son adresse.

Cet ordre devra être rédigé sous forme de procuration, par conséquent sur papier timbré, avec légalisation de la signature du destinataire, le tout enregistré (1).

De la prescription résultant des articles 105 et 108 du Code de Commerce.

L'art. 105 du Code de Commerce renferme une sorte de fin de non-recevoir instantanée en faveur du voiturier.

Cet article est ainsi conçu : « La réception des objets transportés et le paiement de la lettre de voiture éteignent toute action contre le voiturier (sauf le cas de fraude ou d'infidélité). »

La réception des colis implique un examen préalable de la marchandise reconnue en bon état. Le paiement du prix suppose une vérification du prix de transport perçu et des délais employés. Ce n'est qu'après avoir pris ces précautions que le destinataire doit se livrer de la marchandise, car il s'est ainsi assuré que toutes les clauses du contrat ont été observées et exécutées par le voiturier.

Les deux conditions de la réception des colis et du paiement du prix de transport sont exigées, l'une ne pourrait suppléer l'autre.

Si le paiement du prix de transport a eu lieu sans la réception de la marchandise, ou la réception de la marchandise sans le paiement du prix, la forclusion n'est pas acquise au voiturier.

Il faut, de plus, que la livraison de la marchandise

(1) Cour de cassation, 6 janvier 1863.

soit effective, le reçu du colis donné par le destinataire sur les registres d'arrivée avant la vérification et la réception des marchandises ne permettrait pas à la compagnie d'invoquer les bénéfices de l'art. 105 du Code de Commerce.

Nous raisonnerons de même dans le cas où le port aura été payé avant la remise effective des colis (1).

Il faut, en outre, que la réception des colis et le paiement du prix de la voiture aient été effectués par le destinataire lui-même ou par son mandataire duement autorisé. Ainsi, par exemple, la remise des marchandises faites par la compagnie à ses camionneurs avec paiement du prix de la voiture, ne permettrait pas à cette compagnie de repousser la réclamation du destinataire, car elle ne pourrait pas, dans ce cas, bénéficier des dispositions de l'art. 105 précité (2).

A l'égard des transporteurs intermédiaires, la réception des objets et le paiement de la lettre de voiture n'éteignent pas leur recours contre leur cédant qui serait mal fondé à invoquer la forclusion résultant de l'art. 105. Voici, du reste, à cet égard, l'opinion de la Cour de Cassation : « Il n'y a réception des objets « transportés et payement effectif du prix de transport « qu'au terme du voyage, lorsque les choses chargées « parviennent au destinataire, parce qu'alors seule-« ment s'opère le déballage, et, par conséquent, la « vérification qui permettra de reconnaître si les voi-« turiers successifs ont exactement rempli leurs obli-« gations. »

(1) Cour de Cassation, 5 février 1856.
(2) Cour de Cassation, 7 juin 1858.

Des tribunaux de commerce invoquant les usages de la place ont cru pouvoir admettre, dans le cas d'avarie intérieure, la réclamation du destinataire formulée vingt-quatre et même quarante-huit heures après la livraison effective des colis et le paiement de la lettre de voiture sans réserves.

Nous déclarons l'opinion des juges consulaires contraire à la doctrine et à la jurisprudence. Nous invoquons, en faveur de notre manière de voir, un arrêt de la Cour de Cassation ainsi conçu :

« *La Cour*, Vu l'article 105 du Code de Com« merce : attendu, en droit, que, d'après cet article, « la réception des objets transportés et le payement du « prix de la voiture par les destinataire éteignent toute « action contre le voiturier ;

« Attendu que si, nonobstant les termes généraux « de cette disposition, on a pu admettre exceptionnel« ment qu'elle cesse d'être applicable lorsque la vérifi« cation des colis a été empêchée ou entravée par la « fraude du voiturier ou rendue impossible par son « fait, il ne saurait en être ainsi lorsque le fait de « la livraison, par le voiturier, de l'objet transporté « et le fait de sa réception par le destinataire, sui« vent leur cours ordinaire et ne sont marqués par « aucune circonstance particulière ; qu'on ne pourrait, « en effet, attribuer, dans ce cas, à une simple décla« ration du juge, si elle ne reposait surtout que sur « des indications et des conjectures, la puissance lé« gale d'absorber le droit établi par l'art. 105 précité, « sans violer directement et par là même, la garantie

« spéciale consacrée par cet article au profit des agents
« de transports ;

    « Attendu, en fait, qu'il est constaté par le juge-
« ment attaqué, d'une part, que Juénin, marchand
« miroitier, a reçu à son domicile, le 6 octobre 1860,
« la caisse transportée par la compagnie de Lyon à
« Genève, et a payé instantanément et sans réclama-
« tion le prix de transport, et, d'autre part, qu'il n'a
« procédé à l'ouverture de cette caisse que le surlen-
« demain lundi, 8 octobre, en l'absence de la compa-
« gnie et sans l'y appeler ;

    « Attendu, d'ailleurs, que ce jugement ne relève pas
« une seule circonstance indiquant, soit que la com-
« pagnie demanderesse ait surpris ou voulu surpren-
« dre la bonne foi du destinataire au moment où elle
« lui faisait remise de cette caisse, soit qu'elle ait
« tendu à en rendre la vérification impossible ou
« même difficile par un fait quelconque ;

    « Attendu enfin qu'il se fonde, pour imputer à la
« compagnie l'avarie des glaces que la caisse renfer-
« mait, non sur une preuve directe que cette avarie
« existait déjà au moment de la livraison de la caisse
« au destinataire, mais sur de simples conjectures ou
« vraisemblances ; mais attendu qu'il ne peut être
« admis que des motifs de cette nature puissent suffire
« pour écarter juridiquement l'application de la dispo-
« tion de l'art. 105 précité du Code de Commerce,
« opposé dans la cause, par la compagnie demande-
« resse à Juénin, défendeur ; d'où il suit, qu'en déci-
« dant le contraire, le tribunal de Bourg a formelle-
« ment violé cet article. » (Cass., 25 mars 1863).

Nous ajouterons que l'art. 105 du Code de Commerce ne fait aucune distinction entre les avaries intérieures et les avaries extérieures ; si la prescription est absolue en cas d'avarie extérieure, on ne peut pas la repousser au cas d'avarie intérieure.

Si les compagnies sont responsables des colis qui leur ont été remis, parce qu'elles ont le droit d'en faire la vérification extérieure et intérieure avant de se charger du transport ; par ces mêmes motifs, les destinataires sont seuls responsables après qu'ils ont pris livraison et payé le port de leurs marchandises, parce qu'ils avaient le droit, avant de les retirer, d'en vérifier l'état extérieur et intérieur. Les compagnies de chemins de fer et les destinataires doivent être traités sur le pied de l'égalité absolue en ce qui concerne leurs obligations réciproques.

Si on admettait que le destinataire a le droit de faire peser sur la compagnie la responsabilité d'une avarie intérieure reconnue vingt-quatre ou quarante-huit heures après la réception des colis et le paiement du prix de la voiture, l'art. 105 serait, dans la pratique, à chaque instant violé au préjudice des compagnies, ce qui ne saurait être admissible.

La Cour de Cassation a reconnu, par son arrêt en date du 21 novembre 1871, que la prescription de l'art. 105 du Code de Commerce était acquise à une compagnie contre le destinataire, malgré la garantie pour coulage donnée au départ par l'expéditeur à la compagnie.

Enfin, par un arrêt plus récent encore (7 fév. 1872), la Cour suprême a décidé qu'une compagnie peut valablement invoquer l'art. 105 et repousser la demande du destinataire pour avarie non constatée en gare, bien que, par suite d'une convention, tacite la compagnie fût dans l'usage de ne pas se prévaloir de l'article 105 et de constater les avaries à domicile, même après réception des objets et paiement du prix de la voiture.

Il nous reste à examiner la prescription de l'art. 108 du Code de Commerce. Cet article est ainsi conçu : « Toutes actions contre le commissionnaire et le voiturier à raison de la perte ou de l'avarie des marchandises, sont prescrites, après six mois pour les expéditions faites à l'intérieur de la France, et après un an pour celles faites à l'étranger ; le tout à compter pour le cas de perte, du jour où le transport des marchandises aurait dû être effectué, et pour les cas d'avarie, du jour où la remise des marchandises aura été faite, sans préjudice des cas de fraude et d'infidélité.

En présence de l'art. 105 qui établit une forclusion instantanée en faveur du voiturier, lorsqu'il y a réception des colis et paiement de la voiture, recherchons quels sont les cas d'application de l'art. 108.

En cas de perte, il n'y a pas de difficulté, car la livraison n'ayant pas eu lieu, le voiturier ne peut pas invoquer les bénéfices de l'art. 105.

Mais en cas d'avarie, il est possible qu'il y ait à la fois réception du colis par le destinataire et paiement du titre ; dans ce cas, le destinataire est exposé à voir opposer à sa demande la fin de non-recevoir, tirée de l'art. 105.

Il faut donc pour que l'art. 108 soit applicable en

cas d'avarie que le destinataire ait refusé de payer le port du colis ou bien qu'il ait fait constater l'avarie, conformément aux dispositions de l'art. 106 du Code de Commerce.

La prescription de l'art. 108 s'applique exclusivement au cas de perte ou d'avarie et nullement aux cas de surtaxe ou de retard. Les prescriptions ou les déchéances étant de droit étroit ne peuvent être étendues par voie d'analogie, d'un cas à un autre. La Cour de Cassation, dans son arrêt du 26 avril 1859, s'exprime ainsi à cet égard :

« La Cour, sur le premier moyen, attendu que les lois qui établissent des prescriptions ou des déchéances sont de droit étroit et ne peuvent être étendues par voie d'analogie d'un cas à un autre ; qu'en particulier la disposition de l'art. 108 du Code de Commerce qui limite à six mois la durée de l'action contre le commissionnaire ou le voiturier à raison de la perte ou de l'avarie des marchandises, en prenant soin de fixer d'une manière spéciale pour chacun de ces deux cas le point de départ de la prescription, doit être restreinte dans son application au cas qu'elle a ainsi spécifié, et qu'en décidant que l'art. 108 n'est point applicable à l'action intentée dans un cas différent, celui de retard dans le transport des marchandises, la Cour de Douai n'a violé ni ledit article ni aucune autre loi.

L'art. 108 détermine, de la manière suivante, le point de départ de la prescription de six mois :

Pour les cas de perte, du jour où le transport des marchandises aurait dû être effectué ;

Pour les cas d'avarie, du jour où la remise des marchandises aura été faite.

Quel est le point de départ de la prescription en cas de perte?

Il faut, ici, faire une distinction : Nous avons vu que le voiturier devait être considéré comme dépositaire nécessaire, lorsque par sa faute il avait mis l'expéditeur dans l'impossibilité de se procurer une preuve écrite du dépôt; que, de plus, lorsque le contrat de transport était formé il était tenu de toutes les obligations résultant des termes du contrat.

Si la chose apportée dans les magasins du voiturier a péri alors qu'il n'était encore que dépositaire nécessaire et par conséquent avant que le contrat de louage fût formé, l'art. 108 ne sera pas applicable, la prescription dans ce cas sera la prescription trentenaire; comme dépositaire nécessaire le voiturier n'était tenu que *in concreto* (art. 1927, Code Civil); comme transporteur, il est tenu *in abstracto*. On comprend donc que dans ce dernier cas sa responsabilité étant plus grande, il y ait intérêt et justice à réduire sa durée à un délai plus court que celui qui doit être admis lorsque le voiturier n'est tenu que *in concreto* comme dépositaire.

Le point de départ de la prescription, en cas de perte, court-il du jour où le contrat a été formé et par conséquent du jour où le transport aurait dû commencer, ou bien le délai ne court-il que du jour où le transport aurait dû être accompli?

Le mot transport effectué employé dans l'art. 108, a paru ambigu et a donné lieu à plusieurs interprétations, nous ne comprenons pas que l'on ait pu ainsi ergoter sur les mots; à notre avis, il n'est pas possible d'avoir un doute sur l'intention du législateur.

Les mots transport effectué doivent s'entendre du jour où le transport aurait dû être accompli; pour démontrer combien est peu fondée l'opinion de ceux qui prétendent que le délai court du jour où le transporteur aurait dû mettre la marchandise en route, il suffit de se placer dans l'hypothèse d'un transport par voie de terre nécessitant un délai de trois mois avant l'arrivée à destination, si on admet que le délai court du jour de la remise au voiturier; en fait, dans cette espèce la durée de la prescription sera réduite à trois mois, car ce n'est qu'à l'arrivée que le destinataire saura si sa marchandise est perdue. La prescription serait donc ainsi de six, cinq ou trois mois, selon la durée du transport, ce qui est inadmissible.

A l'égard du point de départ de la prescription en cas d'avarie, il a été jugé, le 6 mars 1863, par la Cour de Cassation, que l'offre réelle de la marchandise au destinataire qui la refuse pour cause d'avarie, équivaut à la remise de la marchandise.

L'arrêt de la Cour est ainsi conçu :

« Considérant que l'action de Delmas est une action intentée à raison de l'avarie des marchandises; que la prescription de l'art. 108 du Code de Commerce est donc applicable si les conditions de cet article se trouvent accomplies dans l'espèce; considérant, en fait, qu'il n'est pas contesté que les marchandises ont été offertes au destinataire le 6 décembre 1858, puis, sur son refus de prendre livraison, consignées par l'entre-

preneur de transport, dans les magasins d'un tiers ;
considérant que cette offre réelle de la marchandise au
destinataire équivaut à la remise de la marchandise,
quant à la fixation du point de départ de la prescription, puisqu'à partir de ce moment, le destinataire ou
toute autre partie agissant en son nom, a été par le vu
et l'examen de la marchandise, mis en demeure d'intenter son action pour cause d'avarie ; considérant que
l'action de l'appelant n'a été formée que le 19 décembre 1859, c'est-à-dire plus de six mois après la remise
de la marchandise, et qu'elle doit être repoussée par
la prescription, confirme. » Ainsi, en cas d'avarie, il
n'y a pas de doute possible ; la prescription court du
jour où la marchandise a été remise ou offerte au destinataire, et il suffit que le port du colis n'ait pas été
payé et que l'avarie ait été constatée conformément à
l'art. 106 du Code de Commerce.

Toutefois la prescription n'est possible que lorsque
les conditions exigées par l'art. 108 ont été remplies,
c'est-à-dire, notamment, sans préjudice des cas de
fraude ou d'infidélité.

Ainsi la prescription de l'art. 108 ne sera point admise si les marchandises ont été dérobées par des employés de l'administration préposés au déchargement
ou à la surveillance des marchandises, lorsque ceux-ci
ont été condamnés pour ce vol. — En cas de fraude
ou d'infidélité, l'action ne s'éteindra que conformément aux principes qui régissent la prescription de
l'action civile en matière de délits ou de crimes.

La prescription peut être interrompue par un acte
de mise en demeure, faite au transporteur d'avoir à

livrer la marchandise, et, mieux encore, par une cita-
tion en justice, un commandement ou une saisie signifiée à celui qu'on veut empêcher de prescrire. (Article 2244, C. Civ.)

La courte prescription de l'art. 108 est-elle opposa-
ble au non commerçant? Nous pensons que les motifs
d'équité, de célérité dans les affaires et de bon ordre,
étant les mêmes dans les deux cas, la prescription de
l'art. 108 est applicable aux non commerçants, comme
la forclusion de l'art. 105, Code de Commerce.

Obligations du voiturier en cas de refus de réception de la marchandise.

Il arrive souvent que les destinataires refusent de
recevoir la marchandise pour un motif non imputable
au transporteur; dans ce cas, le bureau destinataire
doit avertir le bureau de départ, afin que celui-ci pré-
vienne l'expéditeur : cette obligation n'est pas écrite
dans la loi, mais elle est consacrée par l'usage et con-
firmée par un arrêt de la Cour de Cassation, en date
du 11 août 1846.

Au lieu d'être refusés, il peut se faire que les colis
soient simplement non retirés; dans l'un comme dans
l'autre cas, les colis restent en dépôt et sont dits colis
en souffrance.

Les compagnies sont responsables de tous les accidents qui peuvent arriver aux colis refusés ou non li-
bérés. Pour se libérer de cette responsabilité, les gares
peuvent alléguer, avec juste raison, que n'étant pas
destinées à servir d'entrepôt, elles demandent que les

marchandises ainsi restées en souffrance, soient déposées chez un tiers consignataire, conformément aux dispositions de l'art. 106 du Code de Commerce.

En cas de dépôt chez un tiers consignataire, à la suite d'une ordonnance du président du Tribunal de Commerce, les gares doivent aviser les expéditeurs du lieu où la marchandise se trouve entreposée.

Il est possible qu'au lieu de prendre ce parti, la compagnie conserve les colis en gare. Restera-t-elle, dans ce cas, indéfiniment dépositaire de ces colis? Non; car un décret impérial du 13 août 1810, visant les art. 107 et 108 du Code de Commerce, a décidé que les objets qui auraient été confiés pour être transportés aux entrepreneurs de roulage ou de messagerie, lesquels n'auraient pas été réclamés dans les six mois, à compter du jour de l'arrivée au lieu de leur destination, seront vendus par la voie d'enchères publiques, à la diligence de la régie de l'enregistrement.

L'art. 56 de la loi du 24 juillet 1793, avait déjà posé le principe du droit de l'État sur les épaves en matière de messagerie et de roulage.

Les art. 713 et 717 du Code Civil sont venus confirmer la loi précitée, qui s'appuyait elle-même sur l'art. 3 de la loi du 1er décembre 1790.

Enfin, un arrêté du 20 avril 1863 est venu de nouveau consacrer cette législation et combler la lacune qui existait dans le décret du 13 avril 1810, relativement aux frais de magasinage que les compagnies sont en droit de réclamer pour la garde des colis remis aux domaines après six mois de séjour dans les gares.

Le taux de ces frais de magasinage a été fixé à 36 fr.

par 1,000 kil. et pour six mois. La perception sera effectuée sur l'expédition totale et par fraction indivisible de 10 kilos.

Le montant des droits à percevoir ne pourra dépasser le prix de six mois de garde; il ne pourra être, en aucun cas, supérieur au prix de la vente, diminué des frais privilégiés.

Cet arrêt n'est pas applicable aux colis non enregistrés, oubliés ou perdus par les voyageurs dans les voitures, gares ou stations; pour ces colis, les compagnies ne peuvent exiger aucun droit de garde. — Il n'est pas applicable non plus aux colis enregistrés qui seraient réclamés par leurs propriétaires avant leur remise aux domaines; ces colis resteraient, dans ce cas, soumis au tarif ordinaire du magasinage.

Privilége du voiturier.

La prescription dont nous venons de parler est particulière au voiturier, elle crée en sa faveur une sorte de privilége; mais ce n'est pas seulement sous le rapport de la prescription que le voiturier se trouve dans une position favorable qui compense pour lui la lourde charge de la responsabilité; la loi a encore voulu lui donner des garanties absolues pour lui assurer le paiement du prix de transport.

L'art. 106 du Code de Comm. *in fine*, s'exprime ainsi : (en cas de refus des objets transportés) « La vente peut en être ordonnée en faveur du voiturier, jusqu'à concurrence du prix de la voiture. »

Enfin le Code civil précise la nature du privilége du

voiturier dans l'art 2102, § 6 « Les frais de voiture et les dépenses accessoires sur la chose voiturée. »

Le privilége du voiturier sur la chose transportée subsiste-t-il même après qu'il s'est dessaisi de la chose? Cette question a soulevé de nombreuses controverses. M. Louis Pouget (*Traité du Transport par eau, par terre*, tome II, p. 372 et 373) soutenant l'affirmative s'exprime ainsi : « Comment entre-t-il dans la tête d'un jurisconsulte de prétendre que le privilége du voiturier cesse quand il a opéré la délivrance de la marchandise? Est-ce que l'art. 2102 du Code civil et l'art. 106 du Code de comm., contiennent une disposition semblable, ou laissent supposer que telle a été l'intention du législateur? Où trouve-t-on dans la loi que le privilége du voiturier cesse avec la délivrance des objets transportés? Nulle part.

La loi ne fixe aucun délai pour l'exercice du privilége : « Le voiturier a donc le droit de l'exercer tant que la créance subsistera ; il ne s'éteindra qu'avec elle. Il suffit que l'identité des marchandises soit constatée. La faillite du propriétaire apportera-t-elle une modification à cette décision? Non : Qu'il y ait ou qu'il n'y ait point atermoiment. Le concordat est tout à fait indifférent aux créanciers privilégiés, puisqu'il n'existe que pour les créanciers chirographaires. »

Pour la négative, M. Clamegeran (*Du louage d'industrie*, pages 184, 185) s'exprime ainsi ; « Cette question se réduit en définitive, à examiner si le privilége du voiturier tient à l'idée de gage tacite ou à l'idée de conservation de la chose; dans ce dernier cas le fait de la dépossession devient tout à fait indifférent

7.

pour l'existence du privilége. Nous n'hésitons pas à
nous décider dans le premier sens. Le transport d'un
objet peut, sans doute, lui faire acquérir une valeur
nouvelle; mais l'inverse peut aussi avoir lieu. Dans
tous les cas, il y aurait non pas conservation, mais
amélioration; à supposer que ce privilége existât, la
justice demanderait, qu'il ne fût établi que sur la
plus-value, ce qui est inadmissible dans notre espèce,
le privilége en question grévant l'intégralité de la
chose. Quant à l'art. 307 du Code de commerce qu'on
invoque contre nous, c'est une disposition toute spéciale en faveur du capitaine du navire, dont la position est bien différente, à cause des dangers que les
marchandises courent à bord, et de l'intérêt d'un
prompt débarquement. D'ailleurs, l'art. 307 (1) limite
la durée de ce privilége à quinze jours, et aucune limitation de ce genre n'existant pour le privilége du voiturier, il s'ensuit qu'il durerait trente ans, ce qui
serait une anomalie inconcevable. »

Nous partageons cette dernière opinion, déclarant
que le privilége du voiturier est fondé sur une idée de
gage tacite. Dans cette circonstance le voiturier doit
être assimilé à l'aubergiste; il est à remarquer que
dans la rédaction de l'art. 2012 le privilége du voiturier est placé après celui de l'aubergiste sur les effets
du voyageur qui ont été transportés dans son auberge;
or on ne conteste pas que le privilége de l'aubergiste
existe à titre de créancier gagiste, il en résulte aux

(1) Le capitaine est autorisé à décharger et à livrer, parce que
le navire n'est pas un magasin où les marchandises soient en
sûreté comme dans une gare.

termes de l'art. 2076 du Code civil, que ce privilège n'existe que tout autant que le gage est resté en la possession du créancier, ou d'un tiers convenu entre les parties.

La coutume de Paris, dans son art. 175, s'exprimait ainsi à l'égard de l'aubergiste : « Despenses d'hostelage livrez par hostes à pèlerins, ou à leurs chevaux, sont privilegiez et viennent à préférer devant tout autre, sur les biens et chevaux hostelez, et les peut l'hostelier retenir jusques à payement, et d'aucun autre créancier les vouloit enlever, l'hostelier à juste cause de soy opposer. »

Il est à remarquer, en outre, que pour les créanciers privilégiés qui ont droit d'exercer leur privilège pendant un certain délai, les rédacteurs de l'art. 2102, C. Civ., ont eu le soin de spécifier ce délai, d'où nous devons conclure que pour les autres, aucun délai ne leur est imposé après la dépossession des objets garantissant leur créance.

Nous ajouterons, enfin, si nous voulons justifier notre opinion en invoquant l'ancienne jurisprudence française, que nous trouvons dans Bourjon, *Droit commun de la France*, tome VIII, le passage suivant : « Les messagers et voituriers ont le même privilège sur les paquets, ballots et marchandise qu'ils ont voiturés, c'est leur gage ; leur fait le leur rend tel, et sans cela ce juste privilège pourrait leur devenir inutile ; ils peuvent donc les retenir jusqu'à ce qu'ils soient payés de ce qui leur est dû..... »

Le caractère de ce privilège est ainsi clairement établi dans l'ancienne jurisprudence; c'est un gage tacite pour le voiturier. Quel motif aurait pu déterminer le législateur moderne à innover en cette matière? Aucun. Nous devons par conséquent décider que les rédacteurs du Code Civil ont conservé l'ancienne tradition, admettant que le privilége du voiturier repose sur l'idée de gage tacite. D'où nous concluons, que le voiturier ne conserve son privilége que tout autant qu'il est nanti de la chose; la délivrance faite, son privilége est perdu d'une manière absolue.

Le voiturier retiendra donc la chose voiturée jusqu'au payement du port et des débours; s'il la livre, son privilége sera perdu, et il ne lui restera plus alors qu'une action personnelle qui durera trente ans.

Comment s'opèrera la réalisation du gage? L'art. 106 du Code de Commerce dit, à la suite des formalités prescrites en cas de refus: « que la vente peut en être ordonnée. » D'où nous pouvons induire, qu'une ordonnance du Président du Tribunal de Commerce, au pied d'une requête doit suffire pour autoriser la vente.

Dans tous les cas, la loi du 27 mai 1863 est venue lever les doutes qui pouvaient exister relativement aux formalités à observer pour la validité de la vente des marchandises restées le gage du voiturier.

L'art. 93 du Code de Commerce s'exprime ainsi: « A défaut de paiement à l'échéance, le créancier peut, huit jours après une simple signification faite au débiteur et au tiers bailleur de gage s'il y en a un, faire procéder à la vente publique des objets donnés en gage. »

Si le gage consiste en marchandises, la vente en sera faite par le ministère d'un courtier; toutefois le

Président du Tribunal de Commerce peut désigner toute autre classe d'officiers publics pour y procéder.

Il est bon de noter en terminant l'étude de cette question, que le privilége du voiturier est limité aux marchandises qui ont fait l'objet de l'expédition dont le transport est impayé, et qu'il ne pourrait s'exercer sur les marchadises d'une autre expédition appartenant au même expéditeur.

La Cour de cassation dans un arrêt du 15 février 1849 s'exprime ainsi à cet égard : « Lorsque les opérations de transport sont distinctes, isolées les unes des autres et donnent lieu à autant de frais distincts qu'il y a d'opérations séparées, le privilége pour le paiement des frais relatifs à l'une des deux opérations, ne peut être exercé sur les marchandises formant l'objet d'une autre opération demeurée étrangère à la première et ne pouvant y être rattachée, que par cette considération, que toutes les deux ont été exécutées en vertu d'une même convention passée entre les mêmes parties. »

Compétence.

En matière de chemin de fer, il y a deux compétences possibles :

La compétence administrative ;

La compétence des tribunaux ordinaires, civils ou de commerce ; nous nous occuperons exclusivement de cette dernière.

Compétence ratione materiæ.

Les entreprises de chemins de fer ayant pour objet la transport par terre des marchandises et des voyageurs constituent une entreprise commerciale; de là, il résulte que toute demande intentée contre une compagnie de chemins de fer, peut être portée devant le tribunal de Commerce et que la preuve testimoniale doit être admise en faveur du demandeur.

Aux termes de la loi du 25 mai 1838, art. 2, les juges de paix prononcent..... sur les contestations..... entre les voyageurs et les voituriers ou bateliers, pour retards, frais de route et perte ou avarie d'effets accompagnant les voyageurs.

Sans vouloir entrer dans l'examen des difficultés soulevées par cette disposition de la loi, nous croyons cependant utile de reproduire ici un arrêt de la Cour de cassation, en date du 4 novembre 1863, qui est relatif à cette question.

L'arrêt est ainsi conçu : « Les justices de paix sont des juridictions purement civiles. Si l'art. 1er de la loi du 25 mai 1838 attribue aux juges de paix la connaissance de toutes les actions personnelles en dernier ressort, jusqu'à la valeur de 100 francs, et à charge d'appel jusqu'à la valeur de 200 francs. Cette attribution ne s'applique qu'aux actions civiles, et non à celles qui se rattachant à des transactions commerciales, sont exclusivement de la compétence des tribunaux de commerce.

L'art. 2, plus spécialement applicable à certaines contestations, notamment, aux contestations entre voyageurs et voituriers, pour perte ou avarie d'effets accompagnant ces voyageurs, n'a pas été conçu dans un autre esprit. Il n'a d'autre but que d'étendre dans les cas qu'il prévoit, la compétence à charge d'appel, des juges de paix jusqu'au taux de la compétence en dernier ressort, des tribunaux de première instance, mais non de changer les règles ordinaires des compétences civiles et commerciales.

« Si la loi avait voulu introduire une pareille dérogation au Droit commun, elle l'aurait formellement exprimé. Elle aurait autorisé les juges de paix à prononcer, suivant les cas, la contrainte par corps, désigné la juridiction supérieure devant laquelle seraient portés les appels, selon que le litige soumis au juge, aurait été civil ou commercial.

Il est donc impossible d'entendre cet article, conçu dans les mêmes termes que l'article 1er, dans un sens différent ou plus étendu. »

Ainsi donc, si la demande intentée contre la compagnie ne porte point sur la perte ou l'avarie des bagages la compétence du juge de paix est écartée.

Si le voyageur n'est pas commerçant il aura le choix d'opter pour la juridiction civile ou pour la juridiction commerciale.

Si le voyageur est commerçant le demandeur et le défendeur dans ce cas faisant acte de commerce, le tribunal de commerce sera seul compétent.

Compétence ratione personæ.

Quel est entre tous les tribunaux le tribunal compétent ?

Aux termes de l'article 59 du Code de procédure civile, l'action devrait être portée devant le tribunal du domicile des compagnies.

Or, le domicile des compagnies de chemin de fer est au lieu où se trouve leur siége social ; de plus les cahiers des charges imposent aux compagnies l'obligation de faire élection de domicile à Paris, ce serait donc à Paris que devraient être jugées toutes les contestations entre les compagnies et les tiers.

Si on admettait ce système ou du moins s'il avait prévalu, les compagnies n'auraient pas été obligées de défendre devant tous les tribunaux de leur parcours et elles auraient pu concentrer, près de l'administration centrale, l'ensemble des affaires contentieuses.

Il faut admettre que si cette solution présente des avantages pour les compagnies, elle présente de grands inconvénients pour le public. Obliger les particuliers, qui auraient à se plaindre d'une compagnie qui refuse de faire droit à leur réclamation, à présenter leur action devant les tribunaux de Paris eut été presque un déni de justice.

Pour éluder les difficultés résultant de l'application rigoureuse de l'article 59, on a invoqué l'article 69 du Code de procédure civile ainsi conçu : « Seront assignés....... les administrations en leurs bureaux dans le lieu où réside le siège de l'administration ; dans les autres lieux, en la personne et au bureau de leur préposé. »

L'analogie que l'on voudrait établir dans ce cas entre les administrations, dont parle l'article 69, et les

compagnies de chemin de fer est-elle exacte? Nous pensons que l'article 69 s'occupe des administrations publiques de l'État, telles que les Douanes, les Domaines, etc., et que cet article n'est pas applicable aux
administrations de chemin de fer qui ont seulement le
caractère d'une société commerciale.

Nous admettons donc, que les compagnies de chemins de fer, étant des sociétés commerciales, sont
régies par l'article 420 du Code de procédure civile. Il
est ainsi conçu : « Le demandeur pourra assigner, à
son choix, devant le tribunal du domicile du défendeur; devant celui dans l'arrondissement duquel la
promesse a été faite et la marchandise livrée ; devant
celui dans l'arrondissement duquel le paiement devait
être effectué. »

Cet article comprend, dans sa généralité, toutes les
conventions commerciales ayant pour objet des marchandises; c'est-à-dire un objet quelconque de trafic
ou de spéculation; la jurisprudence a du reste été unanime pour adopter cette interprétation de l'article 420.

On s'est demandé, à propos de cet article, quel était
le domicile d'une compagnie de chemin de fer? La jurisprudence a varié à cet égard, après avoir consacré
en principe que le domicile d'une compagnie est au
lieu où se trouve son siège social; elle a plus tard
déclaré, cédant aux nécessités pratiques, qu'une compagnie de chemin de fer pouvait avoir plusieurs domiciles et que ses gares importantes pouvaient être considérées comme autant de domiciles sociaux (1).

(1) Cour de cassation, 17 avril 1866; 20 avril 1858.

L'arrêt du 15 décembre 1867 de la Cour de cassation s'exprime ainsi : « Attendu : que vu sa grande importance la gare de Toulouse peut être considérée comme une succursale de la compagnie des chemins de fer du Midi..... »

La question de la compétence du tribunal, basée sur le lieu où la promesse a été faite et où devait s'effectuer le payement, a soulevé moins de difficultés que la précédente. La jurisprudence admet maintenant que la compagnie défenderesse peut être assignée : 1° devant le tribunal dans l'arrondissement duquel se trouve la station de départ (c'est le lieu de la promesse et de la livraison) ; 2° devant le tribunal dans l'arrondissement duquel se trouve la station d'arrivée (c'est le lieu où le paiement devait être effectué).

Nous en concluons de ce qui précède qu'une compagnie peut être valablement assignée, soit dans la personne de son Directeur au siège social, soit dans la personne du chef d'une gare principale ; mais qu'elle ne serait pas valablement assignée dans la personne d'un chef de station (1).

De la saisie-arrêt et de la saisie-exécution.

Pour achever l'étude des questions de procédure et de compétence relatives aux transports par chemins de fer, nous croyons devoir rechercher comment on doit procéder pour les saisies-arrêts et les saisies-exécutions signifiées aux compagnies.

(1) Cour de cassation, 16 janvier 1851 ; 26 mai 1857.

Aux termes de l'article 557 de procédure civile, tout créancier peut, en vertu de titres authentiques ou privés, saisir-arrêter, entre les mains d'un tiers, les sommes et effets appartenant à son débiteur, ou s'opposer à leur remise.

La saisie, pour être valable, devra-t-elle être signifiée au siège social de la compagnie, pourra-t-elle au contraire être déclarée valable si elle a été signifiée à un chef de station peu importante?

La loi a pour but, dans la saisie-arrêt, de créer une garantie de plus en faveur du créancier. C'est une mesure conservatrice ayant un caractère d'urgence : le gage ou la chose qui garantit la dette était sur le point d'échapper au créancier, il s'en aperçoit, et il fait immédiatement opposition à sa délivrance. L'article 417 du Code de procédure a prévu le cas où des mesures urgentes devraient être prises, il est ainsi conçu : « Dans les cas qui requièrent célérité, le président du tribunal pourra permettre d'assigner, même de jour à jour et d'heure à heure, et de saisir les effets mobiliers. »

Comment concilier l'emploi de ces voies rapides de procédure avec la nécessité de signifier la saisie au siège social de la compagnie. La station d'arrivée qui est nantie des objets que le créancier veut saisir-arrêter avant leur délivrance au débiteur, peut être très-éloignés du siège social de la compagnie ; si la saisie dénoncée au chef de station n'est pas valable, le créancier n'aura pas le temps d'avoir rempli les formalités voulues de la signification au siège social avant la délivrance de la chose au destinataire; les formalités d'une procédure trop rigoureuse auront ainsi désarmé le créancier.

Pour éviter ces lenteurs, l'expéditeur pourra-t-il signifier la saisie à la Compagnie dans la personne du chef d'une gare importante, voisine de la gare d'arrivée. La solution que nous avons donnée, en traitant de la compétence *ratione personæ*, nous permet, par les motifs et les considérations déjà énoncées, de résoudre la question affirmativement, tout en déclarant que les principes du droit voudraient que la saisie pour être valable fût donnée au siège social de la compagnie, et que c'est par condescendance aux nécessités pratiques que nous nous prononçons pour la validité de la saisie signifiée au chef d'une gare importante.

Quid si la chose partie de la station d'expédition n'est pas encore parvenue à la station destinataire, et par conséquent se trouve en cours de route. Dans ce cas, la saisie ne pourra être signifiée ni à la station de départ, ni à la station d'arrivée, puisque ni l'une ni l'autre ne sont en possession de la chose, et qu'il serait même impossible à une compagnie, de déterminer le point du réseau où doit se trouver la chose au moment où l'huissier se présente pour signifier la saisie. Nous déciderons, comme précédemment, que dans cette hypothèse la saisie pour être valable devra être signifiée au siège social de la compagnie; les exigences de la pratique que la Cour suprême a cru devoir prendre en considération, nous autorisent à décider que la saisie signifiée dans ces conditions, sera valablement signifiée au chef d'une gare importante où se trouve une organisation administrative centrale ayant action sur les stations voisines situées dans l'arrondissement.

Une compagnie de chemin de fer créancière d'un expéditeur, en vertu d'un jugement devenu exécutoire, pourra-t-elle valablement saisir les marchandises apportées par cet expéditeur dans ses gares ; en d'autres termes, la saisie qu'elle se signifiera à elle-même sera-t-elle valable ?

Nous ne trouvons rien dans la loi qui s'oppose à la validité de cet acte. Sans doute, on ne peut pas se créer un titre à soi-même ; mais il ne s'agit pas tant, ici de se créer un titre que de s'assurer la possession des choses du débiteur pouvant garantir la créance du saisissant.

Quel est le but de la saisie ? C'est d'empêcher qu'un tiers, ignorant votre droit de créancier, se dessaisisse des choses de votre débiteur qu'il possède momentanément. La saisie a donc pour effet d'arrêter la livraison des objets appartenant à votre débiteur jusqu'à ce que la justice vous en ait attribué légalement la possession ou vous ait donné toute autre garantie ou satisfaction que vous étiez en droit de réclamer ; par exemple, le payement de la somme due ou le nantissement des objets garantissant votre créance.

Mais si le créancier vous met par erreur en possession de ses marchandises, pourquoi n'auriez-vous pas le droit de les retenir, puisque la loi vous donne celui de les arrêter en les mains d'un tiers, évidemment, vous avez le droit d'en conserver la possession.

Pourquoi, en effet, la qualité de saisissant serait-

elle moins avantageuse que celle d'un étranger? Sans
doute le code prescrit, pour la validité de toute saisie-
arrêt, des formalités qui paraissent bizarres et ridicu-
les dans le cas de saisie sur soi-même. Cependant,
nous sommes d'avis que toutes ces formes et conditions tracées par la loi doivent être observées.

La procédure qui refuserait d'autoriser la saisie-arrêt sur soi-même aurait pour résultat de donner au
débiteur de mauvaise foi les moyens de paralyser
l'exécution d'un titre authentique.

Enfin, l'article 823 du Code de Procédure civile
n'offre-t-il pas une analogie bien puissante en permettant au propriétaire la saisie-gagerie des meubles en sa
possession.

Nous n'avons, du reste, rien trouvé dans la jurisprudence de contraire à l'opinion que nous émettons.

Factage et camionnage.

Les compagnies des chemins de fer se chargent parfois du transport des marchandises au delà de la voie
ferrée; l'art. 82 du cahier des charges leur en fait
même, dans certains cas, une obligation. Cet article est
ainsi conçu : « La compagnie sera tenue de faire, soit
par elle-même, soit par un intermédiaire dont elle ré-
pondra, le factage et le camionage, pour la remise
au domicile du destinataire, de toutes les marchandises
qui lui sont confiées.

« Le factage et le camionage ne sont point obliga-
toires en dehors du rayon d'octroi, non plus que pour

les gares qui desserviraient soit une population agglo-
mérée de moins de 8000 habitants, soit un centre de
population de plus de 8000 habitants, situé à plus de
cinq kilomètres de la gare du chemin de fer.

« Les tarifs à percevoir seront fixés par l'administration sur la proposition de la compagnie, ils seront
applicables à tout le monde sans distinction.

« Toutefois, les expéditeurs et les destinataires resteront libres de faire eux-mêmes et à leurs frais, le
factage et le camionage des marchandises. »

Les difficultés soulevées dans la pratique à l'occasion de l'application de cet article, portent sur le mot
remise qui se trouve au premier paragraphe, et sur
l'égalité parfaite que la compagnie doit maintenir entre
les camionneurs libres et leurs concurrents.

On remarque, en effet, que le paragraphe premier
de l'art. 82 parle de la remise des colis au domicile des
destinataires, mais qu'il ne parle pas de l'enlèvement
des marchandises des magasins de l'expéditeur pour les
porter à la gare.

Il résulte des dispositions de cet article, que le camionneur d'une compagnie, n'est pas tenu d'aller prendre la marchandise dans les magasins de l'expéditeur,
que par conséquent, dans le cas où il consentirait à
se charger de ce transport, il serait libre d'en débattre
le prix avec l'expéditeur, parce que dans ce cas, il
agit comme camionneur libre. L'arrêt de la Cour de
cassation s'exprime ainsi : « Si l'art. 82, § 1 du ca-
« hier des charges d'une compagnie de chemins de
« fer, implique pour elle le droit de déléguer, à
« l'entrepreneur du transport avec lequel elle traite,

« pour ce service obligatoire, la liberté d'action et
« toutes les facilités dont elle pourrait user elle-même,
« — il en est autrement en ce qui concerne le service,
« purement facultatif, de camionnage quand il s'agit de
« marchandises à prendre au domicile des expéditeurs,
« pour être apportées en gare et expédiées par la voie
« de fer..... »

Nous devons dire toutefois, qu'en fait, l'inconvénient qui pourrait résulter pour le public du mot enlèvement qui se trouve dans l'art. 82 n'existe pas dans
la pratique; car les compagnies de chemins de fer
ont généralement comblé, dans le cahier des charges
des entrepreneurs de factage et de camionnage, la
lacune qui existait dans le premier paragraphe de
l'art. 82.

Or, ces traités par le fait de l'homologation ministérielle à laquelle ils sont soumis, deviennent la loi des
parties et obligent le camionneur vis à vis du public,
et vis à vis de la compagnie (1).

A l'égard de la parfaite égalité que les compagnies
doivent maintenir entre leurs camionneurs et les camionneurs ou facteurs libres, le tribunal de Commerce de la Seine, dans son jugement du 4 juin 1888,
s'exprime ainsi :

« L'entreprise du camionnage est complètement
étrangère au privilège de la concession de la compagnie ; elle ne saurait donc, à bon droit, prendre aucune mesure dans le but de favoriser son exploitation

(1) Cour de cassation, 20 mai 1865.

personnelle, au préjudice des entreprises de même nature qui lui font concurrence.

« Cette irrégularité dans l'application des règlements, fait aux étrangers une situation injuste et préjudiciable à leurs intérêts, qu'il convient de faire cesser.

« En conséquence, il y a lieu d'ordonner que ladite compagnie sera tenue d'admettre dans ses gares les marchandises des étrangers aux mêmes heures et dans les mêmes conditions que les siennes propres. »

La Cour suprême, dans son arrêt du 30 mars 1863, s'exprime ainsi : « La compagnie ne peut, sans con- « trevenir soit à la règle d'égalité, soit aux principes « de droit public sur la libre concurrence, faire aux « camionneurs, avec lesquels elle a traité pour son « service obligatoire, un situation privilégiée au détri- « ment des autres camionneurs. »

Le principe de l'égalité entre les camionneurs de la compagnie et les camionneurs libres est donc parfaitement établi et consacré.

Correspondance et réexpédition.

Le transport à effectuer en dehors de la voie ferrée n'est pas toujours limité aux barrières de l'octroi.

Les compagnies peuvent prendre l'engagement de faire parvenir une marchandise sur un point assez éloigné de la gare destinataire ; à cet effet, elles ont traité sur certains points avec des entrepreneurs de voitures publiques ou avec des rouliers afin de rendre à leur destination définitive les voyageurs ou les marchandises acceptés par la gare de départ.

8.

L'organisation des services de correspondance et de
réexpédition est autorisée par l'art. 53 du cahier des
charges; il est ainsi conçu : « A moins d'une autori-
« sation spéciale de l'administration, il est interdit à
« la compagnie, conformément à l'art. 14 de la loi
« du 15 juillet 1845, de faire, directement ou indirec-
« tement avec des entreprises de transport de voya-
« geurs ou de marchandises par terre ou par eau, dans
« quelque dénomination ou forme que ce puisse être,
« des arrangements qui ne seraient pas consentis en
« faveur de toutes les entreprises desservant les mêmes
« voies de communication.

« L'administration agissant en vertu de l'art. 53
« ci-dessus, prescrira les mesures à prendre pour assu-
« rer la plus parfaite égalité entre les diverses entre-
« prises de transport, dans leurs rapports avec le
« chemin de fer. »

Cet article autorise implicitement les compagnies de
chemin de fer, à faire des traités (sous condition de
l'intervention spéciale de l'administration) avec des
entreprises de transport, pour prendre ou livrer à
domicile des expéditeurs ou des destinataires éloignés
de plus de cinq kilomètres d'une gare, les marchandises que ceux-ci doivent expédier ou recevoir par le
chemin de fer.

Cette question n'a soulevé de difficultés dans la
pratique qu'en ce qui concerne la complète égalité
que les compagnies de chemin de fer doivent observer
dans leurs rapports avec les diverses entreprises riva-
les.

Les compagnies de chemin de fer cherchent, parfois à éluder ce principe d'égalité qu'elles doivent observer vis-à-vis des entrepreneurs libres, desservant exactement les mêmes lignes que les correspondants de la compagnie.

La Cour suprême, par ses arrêts en date du 3 juillet 1865, 18 juin 1867 et 27 novembre de la même année, a condamné les compagnies qui avaient contrevenu à l'art. 58 du cahier des charges en accordant des faveurs particulières à certains entrepreneurs.

Dans son arrêt du 15 novembre 1871, la Cour de Cassation s'exprime ainsi sur cette question : « Il appartient aux tribunaux de déclarer que, de l'ensemble des faits souverainement appréciés, il résulte qu'une compagnie de chemins de fer a fait indirectement, sous les apparences d'un traité de camionnage, stipulé dans les termes de l'art. 83 du cahier des charges, un abaissement de tarifs qu'elle avait intérêt à ne pas faire directement et qu'elle n'aurait pu faire qu'en se conformant aux dispositions de l'art. 48 du cahier des charges. En pareil cas, la compagnie peut être condamnée à des dommages-intérêts. »

Du groupage.

On nomme groupage l'opération qui consiste à réunir plusieurs colis sous une même enveloppe afin d'éluder la majoration du prix de transport fixé par le tarif exceptionnel pour les colis pesant moins de 0,40 kil.

L'art. 47 du cahier des charges s'exprime ainsi : « Les prix de transport déterminés au tarif (du cahier

des charges) ne sont point applicables : à tous paquets, colis ou excédant de bagages, pesant isolément
40 kilogrammes et au-dessous. »

Une exception était faite à l'égard des colis quoique
emballés à part s'ils font partie d'envois pesant ensemble plus de 40 kilog. d'objets expédiés par une même
personne à une même personne ; il en sera de même
pour les excédants de bagages.

L'art. 47 fait toutefois une restriction à l'égard des
entrepreneurs de messageries, il s'exprime ainsi : « Le
« bénéfice et la disposition énoncés dans le paragraphe
« précédent, en ce qui concerne les paquets ou colis,
« ne peut être invoqué par les entrepreneurs de mes-
« sageries et de roulage et autres intermédiaires de
« transport, à moins que les articles par eux envoyés
« ne soient réunis en un seul colis.

« En ce qui concerne les paquets ou colis mention-
« nés au paragraphe 3 ci-dessus, les prix du transport
« devront être calculés de telle manière qu'en aucun
« cas un de ces paquets ou colis ne puisse payer un
« prix plus élevé qu'un article de même nature pesant
« plus de 40 kil. »

L'arrêté ministériel du 30 mai 1862 fixe pour ces
colis les prix suivants :

Grande vitesse : 0,88 centimes par tonne et par
kilomètre (impôt de ligne compris).

Petite vitesse : 0,28 centimes par tonne et par
kilomètre, quelle que soit la série à laquelle les paquets
ou colis appartiennent.

Le prix est fixé par tonne, mais il est établi des coupures ou fractions de tonne fixant le poids minimum à taxer.

Art. 42 du cahier des charges. « En grande vitesse, les coupures seront établies : 1° de 0 à 5 kil. ; 2° de 5 à 10 kil. ; 3° au-dessus de 10, par fraction indivisible de 10 kil. »

Pour la petite vitesse les coupures sont de 10 en 10 kil.

La loi du 30 mars 1872 sur le timbre est venue, à son tour, diminuer les avantages que les entrepreneurs de messageries retiraient des opérations de groupage.

L'article 2 de cette loi est ainsi conçu : « Les entrepreneurs de messageries et autres intermédiaires de transports, qui réunissent en une ou plusieurs expéditions des colis ou paquets envoyés à des destinataires différents, sont tenus de remettre aux gares expéditrices un bordereau détaillé et certifié, écrit sur papier non timbré et faisant connaître le nom et l'adresse de chacun des destinataires réels.

« Il sera délivré, outre le récépissé pour l'envoi collectif, un récépissé spécial à chaque destinataire.

« ..... Ces récépissés spéciaux ne donneront pas lieu à la perception du droit d'enregistrement au profit des compagnies de chemins de fer; mais ils seront établis par les entrepreneurs de transports eux-mêmes sur des formules timbrées que les compagnies de chemins de fer tiendront à leur disposition, moyennant remboursement des droits et frais.

« Les numéros de ces récépissés seront mentionnés sur les registres de factage ou de camionnage que lesdits entrepreneurs ou intermédiaires sont tenus de faire signer, pour décharge, par les destinataires.

« Ces livres ou registres seront représentés, à toute réquisition, aux agents de l'enregistrement.

« Chaque contravention aux dispositions qui précèdent sera punie d'une amende de 50 fr. et de 100 fr. en cas de récidive dans le délai d'un an.

« Ces contraventions seront constatées par tous les agents ayant qualité pour verbaliser en matière de timbre..... »

Avant la rédaction de l'art. 47 du nouveau cahier des charges, la question de groupage avait donné lieu à de nombreuses difficultés.

D'une part, les commissionnaires de roulage voulaient avoir le droit d'expédier à découvert de petits colis d'un poids moindre de 50 kil. à eux remis par divers destinataires et adressés par le commissionnaire à son correspondant; les compagnies soutenaient que, dans ce cas, l'envoi ne pouvait pas être considéré comme adressé par une même personne à une même personne.

Les cours avaient varié dans leurs appréciations; la Cour suprême, appelée à se prononcer, avait regardé le groupage à couvert comme parfaitement licite, mais elle avait interdit le groupage à découvert; l'arrêt s'exprime ainsi : « Aucune disposition du cahier des charges « ne fait défense à plusieurs expéditeurs de réunir, sous « un même ballot..... les objets qu'ils veulent faire « transporter par la voie de fer dans le but légitime « de ne payer que le prix du tarif ordinaire. Ces expé- « diteurs peuvent également charger un intermédiaire

« d'expédier, sous une même enveloppe, en les réunis-
« sant dans un même colis, les objets qui lui sont
« remis en colis séparés, d'en surveiller le départ et
« l'arrivée. Ces expéditeurs et cet intermédiaire, en
« recourant à cette combinaison pour économiser les
« frais de transport, ne font qu'user de leur droit ; ils
« ne portent aucune atteinte au privilège des chemins
« de fer..... »

Aujourd'hui (1) la question se trouve franchement
résolue par l'art. 47 des nouveaux cahiers des charges,
article d'après lequel : Le groupage à découvert est
interdit aux commissionnaires et entrepreneurs de
transport seulement ; tandis que le groupage à couvert
est permis à tous les expéditeurs indistinctement.

Lors de l'enquête de 1863 on a agité la question de
savoir s'il n'y aurait pas lieu d'abolir la faculté du
groupage. Diverses personnes entendues par la Commission, et surtout les représentants des compagnies
en demandaient la suppression comme facilitant la
fraude au préjudice des compagnies et comme augmen-
tant le plus souvent les frais de transport pour les
expéditeurs. Mais la commission s'est prononcée pour
le maintien de l'état de choses actuel.

« Entre des mains intelligentes et scrupuleuses, le
« groupage peut, dit-elle, rendre des services au pu-
« blic, soit par l'économie qu'il lui procurerait, soit
« par une distribution à domicile plus prompte que
« celle que, dans beaucoup de cas, les compagnies
« ont organisée. »

(1) Victor Émion, dans son manuel, p. 107.

Elle ajoute, avec beaucoup de raison : « En suppo-
« sant qu'on doive désirer la disparition des intermé-
« diaires, c'est à elles-mêmes, c'est à des facilités nou-
« velles et plus grandes offertes au public que les
« compagnies doivent demander ce résultat. »

Questions diverses relatives aux transports par chemin de fer.

VOYAGEURS

L'art. 63 de l'ordonnance du 15 novembre 1846 est
ainsi conçu : Il est défendu : d'entrer dans les voitures sans avoir pris de billet.

L'infraction à ce règlement est punie d'une amende
de 16 fr. à 3,000 fr., conformément à l'art. 21 de la
loi du 15 juillet 1845.

La contravention commise par le voyageur qui, ayant
pris un billet, dépasse la station indiquée par ce
billet, tombe également sous l'application de l'art. 21
de la loi du 15 juillet 1845, attendu que, dans ce cas,
le voyageur peut être considéré comme ayant effectué
une partie de trajet sans billet puisque le sien se trou-
vait périmé aussitôt après avoir dépassé la station
indiquée sur ce billet.

Le voyageur qui monte dans une voiture d'une classe
supérieure à celle qui est indiquée par son billet
commet également une contravention à l'art. 63 de
l'ordonnance du 15 novembre 1846 (1).

(1) L'ordonnance du 15 novembre 1846 dit : « Qu'il est dé-

Première question. — L'individu qui a voyagé, sur un chemin de fer, sans billet et sans argent pour payer sa place, peut-il être mis en état d'arrestation préventive?

Consulté sur cette question le ministre de la justice a répondu (3 juillet 1854) : « Le fait n'étant pas puni « d'un emprisonnement, le contrevenant ne saurait « être mis en état d'arrestation préventive; mais on « lui demandera de justifier de son identité. S'il le fait, « la compagnie se trouvera en mesure, soit de lui ré- « clamer le prix de sa place, soit de faire diriger des « poursuites contre lui. S'il ne peut établir son iden- « tité, l'autorité administrative aura le droit de le « détenir administrativement pendant un certain délai, « aux termes des art. 6 et 7 du titre III de la loi du « 10 vendémiaire an IV; et, lorsqu'il aura été ainsi « contraint de se faire connaître, il pourra être con- « damné à l'amende édictée par l'art. 21 de la loi du « 15 juillet 1845. »

Deuxième question. — Un voyageur peut-il vendre son billet, peut-il spéculer sur les billets qu'il a pris au guichet ou achetés à d'autres voyageurs?

Les billets simples, les billets d'aller et retour et les

---

fendu de se placer dans une voiture d'une autre classe que celle qui est indiquée par le billet. »

Il faut évidemment attribuer à ce mot *autre* la signification de classe *supérieure* que nous lui avons donnée; comment admettre, en effet, que celui qui est porteur d'une carte de première classe n'ait pas le droit de se contenter d'occuper une place de deuxième classe. Du reste le projet de règlement du premier paragraphe de l'art. 63 était ainsi conçu : « Tout voyageur qui est muni d'un billet d'une classe inférieure à celle qu'il occupe..... »

billets de trains de plaisir peuvent être cédés ou vendus. Il n'est fait d'exception que pour les cartes nominatives.

Voici l'espèce dont il a été question devant le tribunal civil de la Seine. Jugement du 14 juin 1864, cité dans Lamé-Fleury, *Code annoté des chemins de fer*, p. 219.

« Un de ces jours d'affluence excessive aux chemins de fer de la banlieue parisienne, un spéculateur ingénieux imagine d'exploiter la fièvre du retour. Il fait provision de billets à une station et, se portant aux abords, les revend avec prime à ceux qui préfèrent payer pour s'éviter l'ennuyeuse corvée de *faire queue* au guichet. Traduit mal à propos en police correctionnelle, à raison de l'exercice de cette industrie, le spéculateur a été acquitté. »

Dans tous les cas de ce genre, il appartient à la compagnie, seule intéressée au fond, de déjouer les tentatives des spéculateurs par des mesures convenables, autant qu'elle peut y pourvoir. Quant au public il est libre de ne pas se prêter aux tentatives, et, s'il paie, c'est qu'il y trouve son avantage.

Troisième question. — Quel est le droit d'un voyageur qui manque le départ du train par la faute des agents de la compagnie, qui par exemple ont oublié d'ouvrir les salles d'attente au moment du départ du train ?

M. V. Emion, dans son *Manuel pratique de l'exploitation des chemins de fer*, est d'avis (p. 43 et 49) que le voyageur dans ce cas peut se faire transporter à sa destination par voie de terre et qu'il sera en droit de réclamer à la compagnie le remboursement du prix de sa voiture, plus des dommages-intérêts s'il justifie d'un préjudice éprouvé (1).

Quatrième question. — Les compagnies sont-elles responsables du préjudice causé aux voyageurs par l'arrivée tardive du train, lorsqu'elles ne peuvent justifier le retard par un cas de force majeure?

Si les compagnies sont responsables en cas d'arrivée tardive des marchandises voyageant, soit en petite vitesse, soit en grande vitesse, comment admettre qu'elles ne peuvent pas être responsables du préjudice causé aux voyageurs par suite du retard dans l'arrivée des trains.

Nous devons, par analogie, décider comme nous venons de le faire dans le cas où le voyageur manque le départ du train par la faute de la compagnie.

Du reste la responsabilité des compagnies, en cas de retard dans l'arrivée des trains de voyageurs, a été consacrée par de nombreux jugements, je cite : Tribunal de commerce de Nevers, 1er avril 1867. — Tribunal de commerce de la Seine, 18 mai 1867 ; même tribunal, 21 novembre 1867. —Tribunal de commerce de Nevers, 22 mars 1869.

Cinquième question. — Le wagon des voyageurs est-il considéré comme un lieu public? — Oui. — Aussi certains faits commis dans une voiture de chemin de fer, peuvent être poursuivis comme ayant le caractère de la publicité. — Ainsi jugé par la Cour

(1) Tribunal de commerce de Charleville, 23 mars 1864. — Tribunal de commerce de Nevers, 1er avril 1867.

d'Agen, 31 décembre 1860 et 24 mai 1869, et par la Cour de cassation, 19 août 1869.

Voici les considérants de ce dernier arrêt :

« En matière d'outrage à la pudeur, la publicité existe, non-seulement lorsque l'acte immoral a été commis dans un lieu public, mais aussi lorsqu'il a été offert aux regards du public, ou que, par l'effet des circonstances qui l'ont accompagné, il a pu être aperçu du public, même fortuitement. »

BAGAGES.

Première question. — Le mot bagages désigne-t-il une nature d'objets particuliers?

Le mot bagage vient du mot celtique *Bag*, qui signifie sac, bourse. Aussi nous eût-il paru juste de limiter l'expression de bagage aux malles, cartons à chapeau, sacs de nuits et autre colis renfermant les effets à l'usage personnel du voyageur.

Il n'en est cependant pas ainsi. Des décisions ministérielles survenues à l'occasion de plaintes du public, ont admis que le mot bagage devait s'appliquer à tous les colis que le voyageur emporte pour lui être remis à son arrivée.

Ainsi, d'après ces décisions, la compagnie sera obligée d'accepter comme bagages des meubles, des animaux en caisses, cages ou paniers, tels que chats, chiens, etc.

Nous hésitons à admettre que la Cour suprême consacre cette manière de voir et consente à donner une signification aussi large au mot bagage.

Deuxième question. — Un voyageur peut-il emprunter le billet de place d'un autre voyageur pour se soustraire au paiement de la taxe pour excédant de bagages?

La jurisprudence est unanime pour admettre, que : les personnes de la même famille voyageant ensemble peuvent mettre en commun leurs bagages pour profiter de la franchise accordée par l'art. 44 du cahier des charges ; mais qu'un voyageur qui n'a pas de bagages ne peut couvrir par son billet l'excédant d'un autre voyageur ; celui qui, pour ne pas payer l'excédant, a pris à un ou plusieurs voyageurs leurs billets de place pour les faire timbrer au bureau des bagages comme lui appartenant, a fait tort à la compagnie des frais de transport de l'excédant de ses bagages, et par ce fait, commis un délit en tout au moins contrevenu à des règlements ministériels (1).

Nous croyons utile de reproduire ici une circulaire ministérielle du 10 août 1857 relative aux valeurs que les voyageurs gardent avec eux :

1° Les compagnies de chemin de fer ne doivent pas soumettre à la taxe les sacs d'espèces que les voyageurs peuvent garder avec eux dans les voitures sans gêner leurs voisins;

2° Pour les sacs d'espèces transportés dans ces conditions, comme pour les autres objets dont les voyageurs ne se dessaisissent pas, les compagnies sont affranchies de toute responsabilité en cas de perte;

(1) Arrêt de la cour de Lyon du 11 mai 1863. — Id. Cour de Colmar, 27 septembre 1864. — Id. Cour de Caen, 25 janvier 1865. — Id. Pau, 1er septembre 1866.

3. Le poids maximum des effets ou sacs que les voyageurs peuvent garder avec eux gratuitement est fixé à 25 kilogrammes.

Troisième question. — A quel moment commencera la responsabilité des compagnies en ce qui concerne les bagages des voyageurs ?

1° Les colis qu'un voyageur a déposées dans la salle des Pas-Perdus venant à disparaître, la Compagnie est-elle responsable ?

Nous répondrons négativement, attendu que la salle des Pas-Perdus d'une gare est une sorte de lieu public où tout le monde va, vient, circule sans qu'il soit possible à une compagnie d'exercer aucun contrôle.

2° *Quid* dans le cas où le colis a été déposé sur le comptoir à bagages ?

Nous admettons dans cette hypothèse que le colis venant à disparaître avant qu'il en ait été donné reçu au voyageur, la compagnie est responsable à titre de dépositaire nécessaire ; car, dans ce cas, le dépôt a eu lieu sur un point spécialement destiné à la réception des bagages et sur lequel par conséquent la compagnie devait exercer sa surveillance (1).

3° *Quid* dans l'hypothèse où le colis a été volé dans la salle d'attente. (Il s'agit dans ce cas d'un colis que le voyageur avait conservé avec lui.)

Cette question présente une certaine difficulté parce que les Compagnies doivent exercer une surveillance sur ce qui se passe dans les salles d'attente ; cependant le voyageur en conservant ses colis avec lui a par

(1) Tribunal de Commerce de Strasbourg, 11 décembre 1868. — Id. Civil de Marseille, 9 novembre 1870.

ce fait manifesté l'intention de veiller lui-même à la garde de ses effets. Si donc ils viennent à disparaître, nous déclarons que la compagnie ne sera pas responsable, à moins qu'elle ait une faute lourde à se reprocher, par exemple, d'avoir laissé entrer dans la salle d'attente un voyageur sans carte, soupçonné plus tard d'être l'auteur du vol.

4° Nous admettons la même solution dans le cas où le colis volé avait été déposé par le voyageur sur le trottoir intérieur de la gare.

5° *Quid* si les colis ont été dérobés dans le wagon pendant le stationnement du train alors que le voyageur était descendu de voiture?

Nous admettons encore que dans ce cas la responsabilité de la compagnie ne peut être engagée, à moins qu'il y ait faute lourde de la part de ses employés.

Mais si, en principe, les compagnies de chemin de fer ne sont pas responsables des bagages non enregistrés que le voyageur garde avec lui, ce n'est que tout autant que la perte ne résulte pas d'un fait personnel imputable aux employés de la compagnie. Dans le cas où un colis même non enregistré est soustrait par un employé de la compagnie, celle-ci est incontestablement responsable, en vertu de l'art. 1384 du Code civil, *vide supra.*

Cette question a été jugée par le tribunal civil de la Seine, le 17 mai 1880, il s'exprime ainsi : « Si l'oubli de ce sac, sous le guichet d'enregistrement des bagages, n'était pas de nature à engager la responsabilité des agents de la compagnie auxquels le sac n'avait pas été confié, le facteur, dans l'espèce, en le

prenant et le colportant dans les salles, en vertu de
son emploi, devenait responsable de sa représentation :
en le détournant, après s'en être ainsi volontairement
chargé, c'est dans l'exercice même de ses fonctions
qu'il a commis ce détournement.

Dès lors, la compagnie est responsable du fait de
son agent ou préposé, dans les termes du § 3 de l'article 1384 du Code Civil. »

Quatrième question. — Quelle est l'indemnité due
à un voyageur dont le bagage a été égaré ?

Un règlement du Châtelet en date du 18 juin 1681,
déclara qu'en cas de perte de colis dont la valeur
n'aurait pas été déclarée lors de l'enregistrement, les
messageries ne seraient responsables que jusqu'à cent
cinquante livres.

Mais, par un arrêt en date du 21 janvier 1693, le
Parlement annula le règlement du Châtelet, déclarant
que la responsabilité du voiturier était complète et
qu'il devait aux propriétaires la valeur des choses égarées.

Plus tard, le gouvernement ayant confié aux inten-
dants des provinces la connaissance des affaires relatives aux messageries, le règlement du Châtelet fut
remis en vigueur ; l'arrêt du 7 avril 1775 est ainsi
conçu : « Ceux qui ne feront point sur le registre du
préposé la déclaration du contenu des valises, coffres,
malles et autres fermant à clef, ne pourront demander
pour la valeur des choses qui seront dans lesdites
valises ou coffres non déclarés, plus que la somme

---

(1) Cour d'appel de Douai, 17 mai 1870.

de 150 livres, lorsqu'elles seront perdues, en affirmant par ceux qui les réclament qu'elles valaient la somme de 150 livres.

L'art. 62 de la loi du 24 juillet 1793 reproduisait ces mêmes dispositions.

Les messageries qui, depuis 1775 étaient rentrées domaine du roi furent déclarées libres en 1797, à partir de cette date les dispositions de l'arrêté du 7 août 1775 cessèrent donc d'être en vigueur.

Les compagnies de chemin de fer ont essayé de revenir sur ce point au temps où l'Etat, ayant le monopole des transports, des réglements d'administration, pouvaient imposer aux particuliers, dans l'intérêt de l'Etat, des conditions que le droit commun eût réprouvées.

Vainement les compagnies de chemin de fer ont inséré dans leurs bulletins la mention qu'en cas de perte il ne serait payé que 50 francs pour un sac de nuit et 150 francs pour une malle; les tribunaux n'ont jamais admis les prétentions des compagnies de limiter aussi leur responsabilité en cas de perte de bagages.

Il a été consacré par la jurisprudence, d'une part, que l'absence de la déclaration préalable des voyageurs ne diminuait en rien la responsabilité des entreprises de transport, et qu'en cas de perte desdits objets cette responsabilité serait de la valeur des choses égarées ou perdues.

Cinquième question. — Comment établira-t-on la valeur des objets contenus dans les bagages perdus?

Il sera difficile au voyageur d'en fournir une preuve écrite, et il lui sera même souvent difficile d'en fournir

9.

une preuve testimoniale. Il devra appuyer sa demande de la liste des objets contenus dans le colis perdu ; si la compagnie conteste le chiffre réclamé le tribunal deviendra souverain appréciateur.

Sixième question. — *Quid* dans le cas où le voyageur prétend que la malle perdue contenait des finances ou des objets précieux dont la valeur n'a pas été déclarée au départ ?

La jurisprudence a varié à cet égard, cependant elle est à peu près unanime pour admettre que les compagnies sont responsables des sommes d'argent qui pouvaient être renfermées dans les malles comme nécessaires aux frais de voyage ; eu égard à la position des personnes (1).

Les circonstances du fait et la qualité des personnes, ont certainement guidé la Cour de Douai et la Cour de cassation lorsque celle-ci, dans son arrêt du 7 avril 1867, a déclaré mal fondé dans sa demande un voyageur qui prétendait avoir renfermé pour vingt et un mille francs de dentelles dans une valise que la compagnie avait perdue.

Marchandises.

Première question. — Les compagnies de chemins de fer ont-elles le droit d'établir en ville des bureaux chargés de la réception des marchandises au départ ?

Les compagnies des chemins de fer ont le droit d'établir des bureaux d'expédition, en dehors de la gare, dans l'intérieur des villes.

(1) Cour de cassation, 15 mars 1859.

Ces bureaux ont été créés pour donner au commerce la facilité de faire sans trop de désagréments, la remise des colis à la compagnie des chemins de fer, dans la personne de ses représentants établis dans l'intérieur des villes.

Des commissionnaires de transport ont intenté à certaines compagnies, des actions en réparation du préjudice qui résultait pour leur industrie, de la création d'un bureau central.

Ces entrepreneurs de transports ont été déboutés de leur demande par ces considérants : « Attendu, qu'en établissant un semblable bureau, la compagnie n'a fait qu'user de la liberté du commerce qui est d'ordre public, et que la loi n'interdit pas aux compagnies de jouir des bienfaits des règles du Droit commun (1). »

Deuxième question. — A qui appartient-il de disposer de la marchandise après sa remise à la gare?

Deux hypothèses peuvent se présenter : ou l'expéditeur est en même temps destinataire, ou bien il expédie à une autre personne.

La première hypothèse ne présente aucune difficulté dans son application; l'expéditeur a certainement dans ce cas le droit de se faire remettre la marchandise déjà confiée au transporteur, au lieu d'en changer la destination; il pourra, en un mot, exercer d'une manière absolue son droit de propriétaire sur la chose.

Devons-nous admettre la même solution dans la

(1) Jugement du tribunal de commerce de la Seine, 5 mai 1846. — Arrêt de la Cour de Paris, 8 avril 1847. — Arrêt de la Cour d'Amiens, 21 janvier 1853.

deuxième hypothèse et décider que la compagnie devra également, dans ce cas, obéir aux ordres de
l'expéditeur sans risquer d'encourir aucune responsabilité?

Sans contredit, si l'expéditeur est solvable, la compagnie, exécutant ses ordres comme mandataire, peut
en cas de conflit, exercer son recours contre l'expéditeur son mandant. Mais il se peut que l'expéditeur ne
soit pas solvable; dans ce cas, la compagnie sera-t-elle
en droit de dire : J'ai obéi à celui qui, légalement,
était maître de disposer de la chose non encore livrée?

Nous pensons qu'en raison des termes de l'art. 100
du Code de commerce il y aurait imprudence de la
part de la compagnie à obéir aux ordres de l'expéditeur sans, au préalable, avoir pris des précautions de
nature à dégager entièrement sa responsabilité.

L'art. 100 du Code de commerce est ainsi conçu :
« La marchandise sortie des magasins du vendeur ou
de l'expéditeur voyage, s'il n'y a convention contraire,
aux risques et périls de celui à qui elle appartient... »

Le transporteur se trouve, dans ce cas, engagé dans
une question qui renferme un élément inconnu : à qui
appartient la marchandise?

Cette situation commande de grandes précautions.
Nous pensons donc que si l'expéditeur n'est pas en
même temps destinataire de la marchandise, il devra,
s'il veut en changer la destination, remettre à la compagnie le récépissé que celle-ci lui a délivré; il devra,
en outre, représenter le consentement du destinataire,
car il se peut qu'aux termes du marché intervenu entre
l'expéditeur et le destinataire, la marchandise voyage,

à partir de la remise à la compagnie, pour le compte du destinataire à ses risques et périls.

Troisième question. — Pour les eaux-de-vie, alcools et autres spiritueux transportés en fûts, les compagnies sont-elles responsables non-seulement du poids porté sur la lettre de voiture, mais encore du degré d'alcool indiqué sur l'acquit à caution ?

Le tribunal de Rouen a jugé, le 29 avril 1856, que les compagnies n'étaient responsables que du poids : « Attendu que si, quand il s'agit de l'expédition d'une marchandise donnant lieu à un acquit à caution, il est fait mention de ce document administratif sur la lettre de voiture, ce n'est ni pour ajouter aux stipulations de ce contrat de transport, ni pour en rien retrancher, mais bien uniquement dans le but de rendre le voiturier responsable de cet acquit à caution au même degré qu'il l'est de la marchandise elle-même, et pour l'obliger à le représenter aux agents de ladite administration, soit dans le cours du voyage quelquefois, toujours au lieu de destination, en un mot, que c'est une feuille de papier sans forme déterminée qu'il prend avec la marchandise pour la livrer avec elle, sans être lié en aucune façon par les mentions qu'elle renferme. »

La Cour de Caen, par son arrêt en date du 21 avril 1857, a décidé au sujet de la même question que c'est au commissionnaire de transport à démontrer que le degré des eaux-de-vie qui est autre à l'arrivée qu'il a été constaté au départ sur le bulletin d'expédition ou sur les acquits à caution ne provient pas de son fait.

Enfin, le tribunal de Commerce de Metz, saisi de la même question, a, le 22 septembre 1869, rendu le

jugement suivant : « Sur le second chef des réclama-
tions (diminution du nombre de degrés de l'alcool).
— En droit, aux termes des art. 96 et 103 du Code
de Commerce, 1784 du Code Civil, le transporteur est
garant des avaries ou pertes de marchandises, et il ne
saurait s'affranchir de cette responsabilité que dans
le cas où il prouverait que les avaries ou pertes proviennent du vice propre de la chose ou de la force
majeure.

« La compagnie, sans contester le principe de la
responsabilité, prétend qu'il ne doit pas s'étendre au-
delà de certaines limites et que, dès lors que le transporteur a livré à Metz le poids qu'il a reçu à l'Ille, le
destinataire n'a rien à lui réclamer si les colis sont en
bon état de conditionnement.

« Cette prétention pourrait être accueillie, dans certains cas, il est vrai, quand le contrat intervenu entre
l'expéditeur et le transporteur, c'est-à-dire la lettre de
voiture, n'indique pas autre chose que le nombre des
colis, leur poids, et l'espèce de marchandise qu'ils
renferment ; car il est bien évident que, dans ces conditions, dès lors que le transporteur a livré les colis
en parfait état de conditionnement et avec le poids
indiqué au départ, il a rempli son mandat, et sa responsabilité peut se trouver ainsi dégagée.

« Mais il n'en saurait être ainsi pour le transport
des alcools, comme ceux qui, dans l'espèce, sont l'objet du litige. Pour ces sortes d'expéditions, la responsabilité du transporteur doit être étendue au-delà des
limites indiquées ci-dessus ; cela résulte incontestablement de la convention qui intervient alors entre lui et

l'expéditeur; car cette convention n'est plus représentée seulement par une lettre de voiture, comme dans les expéditions ordinaires, mais encore par l'acquit à caution qui accompagne ladite lettre de voiture.

« Cet acquit à caution, délivré au départ par la régie, indique la quantité de degrés de la marchandise; si le transporteur ne s'en rapporte pas à l'exactitude de cette déclaration, il lui est toujours facile de la faire vérifier; d'où il suit que, dès lors qu'il l'accepte sans observation, il doit être tenu de livrer à l'arrivée la quantité de degrés déclarés au départ, car il est constant que la diminution d'un degré équivaut à un déficit de sept litres et que, par conséquent, le transporteur doit être responsable de cette perte.

« Si la compagnie soutient que la lettre de voiture seule doit régler les droits de chacun et qu'elle n'a pas besoin de s'occuper de l'acquit à caution qui ne concerne que le reste, cette prétention doit être repoussée. En effet, il ne peut être permis à ladite compagnie de séparer la lettre de voiture de l'acquit à caution pour arriver ainsi arbitrairement à se soustraire à une partie des obligations qu'elle a contractées en acceptant des transports d'alcool. Il faut bien reconnaître, au contraire, que la lettre de voiture et l'acquit à caution forment ensemble la garantie du destinataire; que celui-ci est parfaitement fondé à s'appuyer sur les deux pièces pour prendre livraison de la marchandise qui lui arrive et en payer les frais de transport. Si jamais le contraire pouvait être décidé, des abus sans nombre se produiraient inévitablement et l'acheteur serait peut-être un jour exposé à recevoir à Metz, à

40 degrés, des alcools reconnus au départ de Lille à 96, sans que, pour cela, il puisse rien réclamer à la compagnie ; car, malgré la diminution du nombre des degrés, les fûts pourraient fort bien conserver leur poids primitif... »

Nous partageons l'opinion du tribunal de Metz nous fondant, en outre, sur les dispositions de l'art. 36 du décret du 1er germinal an XIII, qui dispose, qu'en cas de contravention, la confiscation des objets saisis pourra être poursuivie et prononcée contre les conducteurs, sans que la régie soit tenue de mettre en cause les propriétaires, quand même ils lui seraient indiqu'...

Ceci prouve que la loi considère le transporte comme complice de la fraude puisqu'il avait le dro au départ, avant de se charger de la marchandise, la vérifier extérieurement et intérieurement, ce q . implique pour le voiturier l'obligation de véri' . le degré des alcools sous peine d'engager compl. tement sa responsabilité.

Quatrième question. — Une compagnie de chemin de fer poursuivie en police correctionnelle par l'administration des contributions indirectes pour infraction à la loi du 28 avril 1816, peut-elle appeler l'expéditeur en garantie devant ce tribunal de répression ?

La cour de Grenoble dans son arrêt du 3 novembre 1867, s'exprime ainsi dans cette question :

« C'est sans cause légitime que le tribunal saisi de l'action en garantie exercée par la compagnie contre l'expéditeur s'est déclaré incompétent pour en connaître.

« En effet, aux termes de l'art. 35 du décret du

1er germinal an XIII, les propriétaires des marchandises sont responsables du fait de leurs facteurs, agents, serviteurs ou domestiques, en ce qui concerne les droits, confiscations, amendes et dépens.

« Suivant les prescriptions de l'art. 36 du même décret, ces mêmes propriétaires peuvent être appelés en cause par ceux sur lesquels les saisies ont été faites pour qu'il soit statué en même temps en ce qui les concerne ; ce qui implique, de la part de leurs voituriers, facteurs ou agents, le droit d'exercer devant les tribunaux saisis de la contravention, et par voie de garantie, au cours de l'instance correctionnelle, les droits naissant de cette responsabilité appliquée aux rapports des conducteurs et des propriétaires.

« La règle générale de la non recevabilité de l'action en garantie devant les justices répressives a dû subir une exception tirée, non pas seulement du caractère des amendes fiscales, participant de la réparation plus que de la peine, mais encore et surtout de la nature même des contraventions en matière de contributions indirectes, où se rencontrent ordinairement sous le coup d'une poursuite pour une seule et même responsabilité, le voiturier ou préposé, contrevenant apparent, et le propriétaire ou expéditeur, contrevenant réel, et où la connaissance de la responsabilité définitive, consacrée par la loi répressive spéciale comme un corollaire de la répression elle-même.

« Pour le conducteur ou voiturier qui a reçu de l'expéditeur seul la marchandise et l'ordre de la transporter, il n'y a de propriétaire obligé et de garant responsable que celui-ci.

« D'ailleurs , toutes les dispositions légales sur la matière assimilent au propriétaire l'expéditeur , tenu de munir le conducteur de congés ou d'acquits à caution..... »

La cour de Dijon a été appelée également à se prononcer sur la même question.

Par son arrêt en date du 5 juin 1869, elle a décidé :

Que le voiturier est fondé à exercer un recours contre l'expéditeur pour les condamnations qu'il subit par la faute de celui-ci.

L'arrêt s'exprime ainsi : « Le recours en garantie est ouvert au condamné par l'art. 36 du décret du 1er germinal an XIII, qui non-seulement autorise la régie à mettre en cause les propriétaires des boissons saisies, devant la juridiction correctionnelle où la contravention est portée, mais décide que le propriétaire peut intervenir ou y être appelé par ceux sur lesquels les saisies auraient été faites.

« A la vérité, cet article parle de ces mesures à l'occasion de la confiscation poursuivie contre les conducteurs; mais il est clair que cette énonciation n'a rien de restrictif, puisqu'il faudrait autrement conclure du silence de l'article sur l'amende, que la confiscation seule peut être poursuivie contre le conducteurs , lorsque au contraire, l'action de la régie contre ceux-ci porte, simultanément et principalement, sur la condamnation à l'amende. »

Nous concluons donc, conformément à ces arrêts, qu'une compagnie poursuivie par l'administration des contributions indirectes pour un fait imputable à l'expéditeur peut appeler celui-ci en garantie devant le tribunal correctionnel compétent *ratione materiæ*.

Cinquième question. — Une compagnie est-elle libérée de toute responsabilité, lorsqu'à la suite de refus ou contestation entre l'expéditeur et le destinataire elle a fait déposer le colis litigieux dans un entrepôt public ou chez un tiers-consignataire, conformément aux dispositions de l'art. 106 du Code de Commerce?

Dans le cas où le destinataire refuse la marchandise, le voiturier a le droit d'en faire effectuer la vente jusqu'à concurrence du prix de la voiture. C'est là un privilége qui lui est accordé.

Il faut reconnaître toutefois que ce serait user d'une bien grande rigueur que d'agir ainsi. Aussi les compagnies de chemin de fer ne prennent-elles cette mesure extrême que lorsque la marchandise refusée est sujette à une prompte détérioration ; dans toutes les autres circonstances les compagnies se bornent à présenter une requête conformément aux dispositions de l'article 106, afin d'obtenir une ordonnance autorisant le dépôt de la marchandise refusée dans un entrepôt public ou chez un tiers-consignataire.

Après que le dépôt a été effectué, quelle est la situation du voiturier à l'égard de l'expéditeur et à l'égard du consignataire?

Nous pensons que si le voiturier a eu le soin d'informer l'expéditeur et le destinataire de ce qui a été fait, en leur signifiant par acte extra-judiciaire copie de la requête et de l'ordonnance avec indication du domicile du consignataire désigné, à partir de ce moment le mandat du voiturier est entièrement terminé.

Quelle est, en effet, l'obligation du voiturier? C'est de conserver la chose et de la rendre en un lieu désigné, où le destinataire doit en prendre livraison; la marchandise étant arrivée en bon état, le voiturier a exécuté son contrat; si la marchandise n'est pas retirée par le destinataire, soit par la faute de celui-ci, soit par un motif imputable à l'expéditeur, le voiturier n'est pas obligé de supporter les conséquences d'un litige auquel il est étranger, il pourra donc notifier aux parties, conformément aux dispositions de l'article 2007 du Code Civil, sa renonciation au rôle de mandataire ou de gérant d'affaires.

Il pourra même, comme débiteur d'un corps certain, revendiquer le bénéfice des dispositions des articles 1257 et 1264 du Code Civil, relatifs aux offres et à la consignation; et après avoir observé les formalités de l'art. 1264 du Code Civil, il sera libéré de toute responsabilité vis-à-vis de l'expéditeur et du destinataire.

Quelle sera la situation du voiturier à l'égard du tiers consignataire désigné comme dépositaire par ordonnance du tribunal?

Ce dépôt devra-t-il être considéré comme un dépôt volontaire, ou comme un dépôt judiciaire?

On admet généralement que le dépôt effectué dans ces conditions est un dépôt ordinaire, et non un séquestre conventionnel ou judiciaire.

On se fonde, sur ce que le dépôt est fait, dans ce cas, par une seule partie, et on en conclut alors, que le dépositaire peut rendre la chose, même avant la fin du litige, à la première réquisition du déposant.

Il en résulte que le voiturier demeure tenu de rembourser au dépositaire toutes les dépenses qu'il a faites pour la conservation de la chose déposée.

Il nous semble, cependant, qu'il eût été conforme à la justice et au droit, de décider que le dépôt fait par le voiturier, en vertu d'une ordonnance, doit être considéré comme un sequestre judieiaire, puisqu'il a été ordonné par la justice au sujet d'une chose litigieuse; que de plus l'art. 1956 du Code civil dit formellement que le sequestre conventionnel peut être fait par une seule personne.

En adoptant cette manière de voir, on devrait conclure que le voiturier est libéré de toute responsabilité, à l'égard du consignataire, et que celui-ci aura son recours contre la personne qui, après la contestation terminée aura été déclarée responsable.

Le dépositaire pourra de son côté, en vertu des dispositions de l'art. 1960 du Code civil, être déchargé du dépôt avant la contestation terminée, soit du consentement de toutes les parties intéressées, soit pour une cause jugée légitime.

POSITIONS

DROIT ROMAIN

Le jet des esclaves n'est plus permis aux temps classiques.

Le propriétaire des marchandises jetées ne participe pas à la contribution sur le prix de ces marchandises.

La contribution est due, soit que le jet ait eu lieu après délibération de tous les chargeurs, soit qu'il ait eu lieu du fait d'un seul agissant sous l'influence d'une juste crainte.

Les marchandises avariées par suite du jet doivent être assimilées aux choses jetées.

ANCIEN DROIT FRANÇAIS

L'institution contractuelle a son origine dans les lois barbares.

Le privilége du voiturier repose sur une constitution de gage tacite.

DROIT CIVIL

Les compagnies de chemin de fer sont tenues, comme dépositaires nécessaires, de la perte ou détérioration des objets apportés dans les gares de marchandises aux heures réglementaires, lorsque par leur fait l'expéditeur n'a pas pu se procurer une preuve du dépôt.

Elles ne sont pas responsables de la perte des effets déposés par le voyageur dans la salle des Pas-Perdus, ailleurs que sur le comptoir aux bagages, si cette perte n'est pas le résultat d'une soustraction imputable à un agent de la compagnie.

Elles ne peuvent pas être valablement dispensées par le destinataire de l'envoi de la lettre d'avis d'arrivage.

Les réserves consenties par une compagnie en faveur du destinataire, ne dispensent pas celui-ci, en cas d'avarie, de faire procéder à une constatation régulière à bref délai.

Les compagnies ne peuvent pas consentir en faveur d'un particulier une réduction, soit dans les délais, soit dans les prix de transport.

PROCÉDURE CIVILE

Les compagnies peuvent être valablement assignées à toutes les grandes gares.

Elles peuvent faire saisir-arrêter sur elles-mêmes, si elles sont créancières du destinataire à un autre titre celui de transporteur des marchandises saisies.

La saisie-arrêt d'un tiers créancier du destinataire doit être signifiée au siège social ou bien au lieu où se trouve un principal établissement de la compagnie et non pas au chef de station détenteur de l'objet saisi.

DROIT CRIMINEL

L'expéditeur coupable d'une fausse déclaration ne peut pas être poursuivi devant les tribunaux criminels, sauf dans le cas de remise d'une marchandise dangereuse ou sujette à l'exercice de la régie.

Le compartiment d'une voiture de chemin de fer est considéré comme un lieu public.

L'avocat peut lire aux jurés le texte de la loi pénale et baser sur la gravité de la peine, la demande des circonstances atténuantes.

DROIT COMMERCIAL

Les compagnies de chemin de fer ne sont pas tenues d'accepter une lettre de voiture stipulant une indemnité à forfait en cas de retard.

Le contrat de transport par chemin de fer peut se prouver par tous les moyens usités en matière commerciale.

La loi du 23 mai 1863 sur la réalisation du gage est applicable au voiturier pour les marchandises qu'il détient encore.

La prescription en cas de perte court du jour où le transport aurait dû être accompli.

DROIT ADMINISTRATIF

Dans le cas où une compagnie de chemin de fer appliquerait un tarif non homologué, la partie lésée aurait le droit de se pourvoir devant le tribunal de commerce.

Le propriétaire d'une construction préexistante à l'établissement du chemin de fer et situé à moins de deux mètres de celui-ci, pourra faire à cette construction des réparations confortatives.

L'indemnité, fixée par le jury, pour une parcelle expropriée ne comprend pas le dommage résultant de l'occupation temporaire de la parcelle attenante alors même que le dommage eut existé au moment de la fixation de l'indemnité.

———

Cette thèse sera soutenue en séance publique, dans une des salles de la Faculté de Droit de Toulouse.

Vu par le Président de la Thèse,

T. HUC.

Vu par le Doyen,

DUFOUR.

VU ET PERMIS D'IMPRIMER :

Pour le Recteur empêché,

L'Inspecteur d'Académie délégué,

Vidal LÀBLACHE.

DIVISIONS

Questions diverses relatives aux transports par chemin de fer.

Toulouse, imprimerie Rives et Privet, rue Triplère, 9.

www.ingramcontent.com/pod-product-compliance
Lightning Source LLC
Chambersburg PA
CBHW070538200326
41519CB00013B/3067